LE CORPS *heureux*

LE GRAND LIVRE DU MOIS

Dépôt légal : Janvier 2003

ISBN 2-7028-7293-X

LE CORPS *heureux*

Manuel d'entretien

Thérèse Cadrin Petit

avec la collaboration
de Lucie Dumoulin

Remerciements

Puisque, sans eux, rien n'aurait été possible, j'aimerais en premier lieu remercier tous les élèves qui, depuis 1980, sont venus avec constance, empressement et curiosité au cours de Gymnastique sur table TCP. Chez tous, j'ai senti un grand besoin de comprendre et d'évoluer, chacun à sa manière, ce qui fut ma principale inspiration.

Parmi ces élèves qui ont eu la générosité de s'ouvrir plus intimement sur leur cheminement, me faisant ainsi profiter de leur expérience, je dois une reconnaissance toute particulière à Micheline Janelle, professeur d'hygiène dentaire, qui m'a permis de faire une distinction importante entre la recherche de perfection – tout à fait illusoire – et la recherche du geste *juste*. À Brigitte Bournival également, psychologue, qui m'a aidée à affiner ma façon de transmettre le savoir ; elle comparait en ces termes notre enseignement à son approche thérapeutique : « On guide, on épaule, on suggère, mais on laisse la personne se découvrir. C'est ainsi que les gens peuvent conserver ensuite cet acquis : on a fait apparaître quelque chose qui était déjà en eux. » Les échanges que nous avons eus ont été fort précieux dans l'élaboration de ce livre.

Que soient aussi remerciées toutes les enseignantes-monitrices qui m'ont accompagnée et épaulée depuis 1985. Avec elles, l'enseignement est toujours une aventure de vérité et de plaisir. Je voudrais aussi exprimer toute ma gratitude à Andrée Roy et à l'ensemble du secrétariat ; sans leur soutien constant, je n'aurais pu accomplir tout le travail qu'a exigé la rédaction de ce livre, parallèlement aux tâches quotidiennes à remplir à l'école.

Merci à Michelle Nadal et à Simone Charbonnier, grâce auxquelles la table Penchenat a survécu à la disparition de son inventeur. Elles m'ont enseigné les bases d'une approche dont le potentiel continue de se manifester.

Merci à l'École nationale de théâtre du Canada et à ses dirigeants de l'époque – Jean Pol Britte, Michelle Rossignol et Joël Miller – qui ont adhéré à ma conception de la forme physique et m'ont permis, en 1980, d'y introduire la table Penchenat.

Merci finalement à René, Emmanuelle, Romain et Félix – ma famille — de l'appui confiant et affectueux qu'ils ont toujours manifesté à mon égard, malgré mes obligations professionnelles et mon manque de disponibilité.

À propos de ma coauteur

J'ai rencontré Lucie Dumoulin, alors rédactrice en chef du magazine *Guide Ressources*, lorsqu'elle est venue, à l'automne 1996, suivre des cours de Gymnastique sur Table TCP en vue de préparer un article sur le sujet. En janvier 1997, le magazine publiait son texte sous le titre *Le bonheur anatomique*. La limpidité de son style, sa précision, sa simplicité et son humour m'ont enchantée.

J'ai découvert une femme respectueuse, rigoureuse, bien informée et très curieuse. J'avais trouvé la personne que je cherchais depuis quelques années, celle qui saurait m'aider à traduire mon enseignement en mots, celle qui — surtout — saurait me renvoyer une image juste et épurée de mon expérience et de mes réflexions. Je lui ai aussitôt proposé ce projet de livre, qu'elle a accepté avec enthousiasme.

Pendant trois ans, nous nous sommes rencontrées très régulièrement, confrontant nos points de vue, cherchant ensemble les meilleures voies de communication, apprenant l'une de l'autre. Le livre que voici s'est donc construit peu à peu, dans une volonté d'équité, d'écoute et de partenariat. Il s'est également, jusqu'à la toute fin, élaboré dans une exceptionnelle sérénité.

Avec mes remerciements les plus profonds, Lucie.

THÉRÈSE CADRIN PETIT

Appréciation d'une championne

Compte tenu du sport que je pratique, qui exige une grande force et une grande précision, compte tenu également du succès qui fut le mien, j'ai toujours cru que j'étais assez bien à l'écoute de mon corps. Mais quand, après les Jeux olympiques de Barcelone, en 1992, j'ai cessé mon entraînement quotidien, j'ai pris davantage conscience des douleurs que je ressentais au cou et au dos, je me suis mise à faire moins d'activités physiques et même à développer une mauvaise posture. J'ai alors cru que c'était mon lot – comme celui de nombreux athlètes –, que mon organisme réagissait aux efforts intenses que je lui avais imposés pendant 22 années. J'avais 29 ans, j'étais forcément un peu « usée », et il n'y avait probablement rien à faire...

C'est alors que le Cirque du soleil m'a offert de diriger une équipe de nageurs pour son nouveau spectacle, « O ». Quelle magnifique occasion ! Devenir artiste de cirque : un rêve ! Mais avec ces maux qui ne me laissaient plus de répit, ça devenait problématique.

J'avais entendu parler de la Gymnastique sur Table et de l'enseignement de Thérèse Cadrin Petit, mais ça semblait beaucoup trop simple, trop élémentaire pour moi : des exercices qui consistent à soulever un ballon quand je m'étais déjà entraînée à soulever un être humain, ça ne pouvait certainement pas m'apporter quoi que ce soit... Toutefois, j'avais de sérieux problèmes à régler... et rien à perdre. J'ai donc décidé de tenter l'expérience, question de ne négliger aucune piste.

Dès la première rencontre, je fus impressionnée par cette petite femme de 50 ans, forte et souple, extrêmement dynamique et calme à la fois. Au seul ton de sa voix, mes épaules avaient déjà baissé de 5 centimètres ! Thérèse m'a fait découvrir que ce n'est pas avec de gros efforts et de la sueur qu'on fait le meilleur travail, mais qu'il s'agit plutôt de solliciter de façon appropriée les différents groupes musculaires afin de créer une harmonie dans les tensions. Se garder en forme n'exige rien de sorcier : quand on peut maintenir une bonne posture, l'utiliser à bon escient et bien respirer, la majeure partie du chemin est faite. C'est d'ailleurs grâce à ce merveilleux professeur que j'ai vraiment appris à respirer, moi qui pouvais pourtant garder mon souffle sous l'eau pendant plusieurs minutes. La respiration, quoi qu'on en pense, ne va pas toujours de soi !

La compréhension que j'ai maintenant de mon corps, du bien-être et de la santé, c'est à Thérèse et à sa Gymnastique sur table que je la dois. Si j'avais su ce que je sais maintenant, j'aurais accompli de bien meilleures performances. Tout le bien que j'ai retiré de son enseignement, je souhaite que d'autres puissent en bénéficier. C'est grâce à son travail et à celui de gens comme elle que nous pourrons tous vivre plus heureux, parce que nous serons mieux dans notre corps.

SYLVIE FRÉCHETTE
Médaillée d'or en nage synchronisée,
Jeux olympiques de Barcelone, 1992

Évaluation d'une professionnelle de la santé

En tant que physiothérapeute œuvrant en neurologie et en orthopédie depuis près de 20 ans, je suis à même de constater qu'une grande majorité des blessures d'ordre musculo-squelettique — comme les lombalgies, les tendinites et les bursites — sont reliées aux mauvais alignements posturaux chroniques.

Nombre de personnes souffrantes se présentent en cabinet pour des problèmes à l'origine mineurs et qui auraient pu être évités, mais qui se sont malheureusement aggravés avec le temps. Nous pouvons illustrer cette idée avec une analogie : lorsqu'on roule avec une voiture dont les roues sont désalignées, les pneus et les freins s'usent de façon inégale, créant des problèmes dans le cadre structural de l'automobile. De même, le déséquilibre postural dans les mouvements et les gestes répétitifs mène à des problèmes aux muscles et aux articulations.

À cet effet, l'enseignement donné en Gymnastique sur table TCP, à l'élaboration duquel j'ai collaboré, répond au désir pressant qu'éprouvent bien des gens de s'entraîner à de meilleurs alignements posturaux et à une pratique de rééquilibration des tensions, souvent mises à rude épreuve par les exigences d'une pratique sportive ou d'un travail.

Par ailleurs, même pour des problèmes orthopédiques d'origine accidentelle, l'aspect postural est essentiel à la réadaptation ainsi qu'à la prévention de problèmes secondaires, présents ou futurs. C'est qu'au moment où le physiothérapeute a terminé son travail de rétablissement, et avant que la personne blessée ne reprenne toutes ses activités, surtout d'ordre sportif, celle-ci doit obligatoirement poursuivre son propre travail de rééducation afin d'éviter une nouvelle blessure. Un entraînement comme celui de la Gymnastique sur table m'apparaît alors tout à fait indiqué.

L'ouvrage que voici, s'il ne peut se substituer à l'encadrement offert par les enseignants-moniteurs, peut certainement transmettre les principes d'une posture juste, de même que la façon de prévenir les blessures fonctionnelles. Rédigé avec clarté et précision, il a de plus l'immense avantage d'être accessible à tous.

DR MINDY LEVIN, BSC (P.T.), PH.D, MOPQ
Professeure, École de réadaptation,
Faculté de médecine, Université de Montréal
Directrice, Centre de recherche,
Institut de réadaptation de Montréal

Introduction

Depuis toujours, je suis fascinée par le mouvement et l'agilité. Enfant, j'adorais sauter, grimper aux arbres, courir, danser... J'ai réclamé avec insistance des cours de ballet et, pendant mon adolescence, j'ai consacré de très longues heures à cette pratique. Je me souviens de toute la passion, le plaisir et l'émotion que je mettais à décortiquer et à exécuter un saut, un tour ou un équilibre difficile. Les gestes rythmés, harmonieux, à la fois libres et contrôlés, demeurent pour moi une grande source de joie.

Lorsque en juillet 1980, au cours d'un voyage d'études en Europe, madame Michèle Nadal, du Conservatoire d'art dramatique de Paris, m'a parlé de la *table Penchenat*, je ne me doutais pas que cette rencontre allait bouleverser ma vie. Et pourtant, c'est grâce à cette table que j'ai pu mettre au point une approche corporelle fondée sur la qualité de la posture, les alignements musculo-squelettiques et la justesse du geste – une approche qui apporte soulagement et plaisir à celles et ceux qui la pratiquent : la Gymnastique sur Table TCP.

Tout au long de ma carrière de danseuse – avec les Grands Ballets Canadiens, le Ballet National du Canada et la Comédie-Française de Paris –, j'ai recherché des techniques et des thérapies corporelles qui m'aideraient à combattre les méfaits de la scoliose apparue à mon adolescence. Comme tout écart par rapport au centre de gravité du corps, cette déformation de la colonne vertébrale avait entraîné chez moi un important déséquilibre des tensions musculaires et de la posture ; avec le résultat que la pratique de la danse classique exigeait des tours de force souvent douloureux. À compter de l'âge de 12 ans, j'ai donc suivi régulièrement des traitements de physiothérapie et de kinésithérapie (deux méthodes de rééducation musculaire, l'une utilisée au Canada, l'autre, en France). Mais ce n'était pas suffisant ; j'ai même tenté un moment de m'entraîner aux appareils de musculation, ce qui n'a fait qu'aggraver les choses.

Or voilà qu'avec la table Penchenat, je découvrais, enfin !, un outil d'entraînement qui non seulement régularisait et équilibrait les tensions musculaires – me permettant de ressentir pour la première fois la symétrie et les alignements adéquats –, mais qui me laissait également une grande liberté dans l'espace et le mouvement. Par la suite, mes études m'ont amenée à intégrer aux exercices sur table Penchenat les autres composantes de la forme physique, soit l'endurance, la résistance et la capacité respiratoire.

L'excitation qu'apporte un geste pleinement conscient et contrôlé nous amène dans les sphères supérieures de l'entendement. De plus, ce geste exécuté avec concentration suspend le temps et l'enrichit de sa plénitude. L'être s'approfondit, s'affirme et se tient debout.

Une confrontation avec la gravité

C'est à un masso-kinésithérapeute des hôpitaux de Paris, Ferdinand Penchenat (1890-1966), également grand sportif, que l'on doit cette table qui porte toujours son nom. En 1920, M. Penchenat dut avoir recours à la rééducation pour se remettre des blessures qu'il avait subies durant la Première Guerre mondiale ; après quelque temps, comme aucun des traitements connus à l'époque ne donnait de résultats satisfaisants, il décida d'élaborer sa propre méthode. Et dès 1924, il en faisait les premières applications en milieu hospitalier.

Grâce à la forme de sa table et à la façon de s'y maintenir, on peut opérer en dehors du centre de gravité, ce qui permet d'accomplir un travail exceptionnel sur la musculature profonde, impossible autrement. Très vite, les professionnels du sport eurent vent de cette technique et vinrent s'entraîner à la « table qui régénère le corps », bientôt suivis par les danseurs et comédiens – car le métier d'acteur est aussi très exigeant physiquement.

Dès mon retour à Montréal, j'ai pu mettre au programme de l'École nationale de théâtre du Canada l'entraînement sur table Penchenat, car j'y étais maintenant responsable de la formation physique de l'acteur. Perfectionniste de nature, j'ai senti le besoin et le désir d'approfondir le rapport entre la mécanique du corps et cette confrontation exceptionnelle avec la gravité. Le destin aidant, j'ai fait la connaissance d'une physiothérapeute, praticienne et étudiante au doctorat en physiologie à l'Université McGill. Son intuition, sa parfaite connaissance du corps humain et sa curiosité à propos de la table, ainsi que la grande générosité avec laquelle elle a répondu à ma soif d'apprendre ont fait de Mindy Levin mon maître, mon associée et mon amie. Elle est devenue depuis directrice du Centre de recherche de l'Institut de réadaptation de Montréal et enseigne à l'École de réadaptation de la faculté de médecine de l'Université de Montréal.

Ensemble, nous avons revu les éléments fondamentaux de la physiologie, de l'anatomie, de la biomécanique humaine. Dans son laboratoire, à certains moments, nous avons même procédé à des électromyogrammes pour mesurer l'effet de divers exercices sur les muscles. Puis nous avons entrepris d'élargir considérablement la diversité des exercices et d'y ajouter une progression méthodique des difficultés d'exécution afin de permettre à tous ceux qui relèvent d'une blessure de reprendre graduellement force et confiance. Par ailleurs, les infinies possibilités de la table me permettaient d'intégrer toutes sortes de postures amusantes et des exercices-jeux.

De M. Penchenat, j'ai gardé l'outil de base, cette merveilleuse table, mais j'ai développé un enseignement « progressif » qui permet à des personnes non entraînées de découvrir leur corps, de le comprendre et de l'orienter selon leurs aspirations personnelles de bien-être et d'équilibre.

Pendant ce temps, les élèves de l'École nationale de théâtre parlaient de mes cours à leurs parents, à leurs amis et, bientôt, force me fut de leur offrir aussi des sessions. Puis, peu à peu, des chiropraticiens, des ostéopathes et des physiothérapeutes se sont intéressés à la méthode et ont commencé à me recommander des clients qui avaient besoin de tonification et d'assouplissement.

En 1985, le jogging recrutait des adeptes, des clubs sportifs ouvraient leurs portes, le ski de fond connaissait un essor important... Il devenait évident qu'un public de plus en plus nombreux s'intéressait à la bonne forme physique et avait besoin d'un entraînement global. C'est alors que j'ai ouvert l'École de Gymnastique sur Table TCP, à Montréal.

Mes maîtres à penser

Si je dois à mes parents – des pédagogues naturels à l'esprit particulièrement ouvert – de m'avoir fait connaître très tôt le plaisir de découvrir et de transmettre, mon « éducation holistique » ne s'est pas arrêtée là. *Aline Legris,* qui fut mon premier professeur de danse, m'a initiée à « l'art » de réfléchir avant d'accomplir un mouvement ; malgré les contraintes imposées par ma scoliose, elle a trouvé le moyen de me faire aimer passionnément la danse. Elle a aussi su ne pas brimer la nature enjouée de l'enfant que j'étais ; son enseignement exigeant, mais sans sévérité, ne m'a pas empêchée de conserver cette nature. Travailler avec son corps peut et doit se faire dans le plaisir et la joie.

Les ostéopathes *Philippe Druelle* et *Denise Laberge,* du Collège d'études ostéopathiques de Montréal, chez qui j'ai étudié, non contents de démystifier pour moi les notions de mobilité du corps dans toutes ses composantes, m'ont aussi appris que, bien plus que l'absence de maladie, la santé est harmonie entre tous les systèmes. J'ai alors compris que l'être humain est le maître d'œuvre de sa vie, de sa santé et de sa longévité, d'où la nécessité de le respecter dans ses déséquilibres et ses restrictions.

Comme la plupart de ceux qui se montrent férus de phénomènes physiologiques et de développement psychomoteur, je me suis intéressée aux recherches de *Jean Piaget,* de *Alexandre Lowen,* de *Wilhelm Reich,* de *Thérèse Bertherat, de Françoise Mézières* et de *Jean Le Boulch.* Plus récemment, je me nourris grandement de celles du neurophysiologiste *Alain Berthoz* (que je citerai à l'occasion) et du kinanthropologue *Robert Rigal*, professeur à l'Université du Québec à Montréal.

À la suite de ces auteurs, je suis profondément convaincue que chaque être possède *sa* façon d'apprendre et de vivre son corps, modelée qu'elle est par la morphologie, l'hérédité, l'éducation et la culture. En ce qui a trait à l'apprentissage du mouvement et de la coordination, il est grandement favorisé par l'exposition précoce aux jeux d'habileté.

On ne peut pas enseigner un mouvement dans l'absolu – ce qui se fait pourtant couramment – car toutes les dimensions de la personnalité influencent la manière d'aborder cette initiation. L'apprenti organise ses propres représentations sensorielles et mentales, et intègre à sa façon ce savoir nouveau ; ce mode varie d'une personne à l'autre mais aussi, pour une même personne, en fonction de son état et de la matière transmise. L'enseignement est donc une dynamique bilatérale : l'enseignant doit non seulement saisir le mode d'assimilation de l'enseigné, mais également le respecter au cours de son intervention.

Le chercheur qui m'a le plus marquée, s'il faut en nommer un, est sans doute *Mathias Alexander*. Aux prises avec de sérieux problèmes de voix, cet acteur australien s'est mis à observer les répercussions des tensions musculaires et du raidissement de sa colonne vertébrale sur l'état de ses cordes vocales. À partir de ce travail sur lui-même, il a mis au point une méthode d'autorééducation, appelée aujourd'hui technique Alexander. Grâce à Sonia Luschington, qui m'a enseigné cette technique à Londres, la Gymnastique sur table TCP s'est enrichie de ces pratiques fondamentales que sont l'étirement axial, le temps d'arrêt et la réorganisation régulière de la posture et des alignements.

La grande rencontre du corps

Quand j'approche les gens, quand je les place dans la posture requise par un exercice, je sens à travers mes mains toute une renégociation se faire dans l'organisme. Je sens, malgré que cela se fasse dans le silence, que le corps devient à l'écoute non pas de ce que je dis, mais de *lui-même*. Ce sont de très beaux moments...

Le travail sur son propre corps peut devenir une entreprise de croissance personnelle. Car lorsqu'on décide de faire l'effort de se mieux connaître, afin d'intervenir activement dans sa vie, on cherche aussi à évoluer. À la suite d'un diagnostic de cancer du sein, une femme voudra sans doute changer plusieurs choses dans sa vie, elle sentira peut-être le besoin de se redéfinir ; c'est ainsi qu'elle ne se mettra pas à la Gymnastique sur table pour soigner son cancer – son médecin s'en occupe –, mais pour se réapproprier ce corps qui semble la trahir. Et cette démarche passe en partie par l'apprivoisement, car le corps a – lui aussi – « des raisons que la raison ne connaît pas ». Le corps-esprit *(bodymind)* réclame une connaissance, une écoute, une action et une sagesse qui s'acquièrent notamment dans la pratique du mouvement.

> *La démarche intimement personnelle de comprendre son corps et de lui permettre d'atteindre son plein potentiel entraîne des répercussions sur toutes les autres dimensions de l'être.*

On ne peut atteindre le corps sans toucher au psychisme de l'être. C'est se leurrer que de s'entraîner pour répondre à des valeurs esthétiques, sociales ou même purement de santé, celle-ci n'existant que dans la mesure où l'être dans sa totalité est sain. En contrepartie, une recherche de soi qui se fait à travers l'activité physique facilite l'interaction des autres composantes, car le corps ne peut se cacher ou se mentir.

Dans la Gymnastique sur Table TCP, il ne s'agit pas d'atteindre à tout prix tel ou tel niveau de force musculaire. C'est l'harmonie qui importe : l'harmonie dans son corps, dans sa personnalité, dans ses objectifs, dans ses aspirations. Certes, on se préoccupe de la souplesse, de la force, de la capacité cardiovasculaire, mais c'est à chacun d'en définir la mesure ; les exercices se font alors dans un esprit de plaisir et de défi ludique.

> *Je crois que les êtres humains veulent toujours avancer : accomplir davantage, devenir meilleurs, plus aimants, plus heureux. C'est la prémisse sur laquelle je base ma pratique.*

Notre approche a pour but d'aider les gens à acquérir une meilleure compréhension d'eux-mêmes, dans leur dimension physiologique, évidemment, mais en faisant appel à l'intelligence, à l'imaginaire et au respect de soi. D'ailleurs, ces derniers nous confient souvent que si, au départ, ils cherchaient simplement à être en forme, ils avaient trouvé beaucoup plus...

Le livre

J'ai maintenant 20 ans d'expérience avec l'approche de la Gymnastique sur Table TCP, et 20 ans d'enseignement auprès d'une clientèle très diversifiée – femmes et hommes de 10 à 80 ans, sportifs ou non, travailleurs de bureau et ouvriers de la construction, artistes, musiciens et danseurs, certains bien dans leur corps, mais beaucoup d'autres qui souffrent de ces petits et grands maux générés par un mode de vie à la fois sédentaire et trépidant.

Les histoires de douleurs et de mal-être que plusieurs de ces élèves m'ont racontées pourraient faire l'objet d'un volumineux recueil. Ces êtres désirent tous redevenir fonctionnels, marcher allègrement, retrouver du plaisir à bouger. Ce désir mérite toute mon attention. Car je ne vois ni paresse ni négligence chez eux, seulement une certaine ignorance, un découragement qui empêche d'agir, une abdication par manque d'amour de soi. Je vois des êtres humains souvent dépassés par une vie qui va trop vite, ou qui est trop ardue.

Dans l'évaluation posturale préalable au cours, je vérifie chez chacun la justesse du centre de gravité et des alignements, j'évalue la sensibilité proprioceptive (la faculté de se percevoir soi-même) dans la posture et le mouvement. Or, les gens qui me consultent sont nombreux à ne pas avoir développé cette proprioception. En conséquence, ils décodent mal les malaises qui les affligent et jaugent mal comment appliquer l'effort dans leurs mouvements.

Je suis donc à même d'affirmer qu'un bon entraînement postural – qui met le corps en situation de ressentir la symétrie ou l'asymétrie, les tensions musculaires, la souplesse ou la rigidité, la force ou la faiblesse musculaire – est de plus en plus nécessaire. Car chacun mérite de connaître le corps qu'il habite. Les incidents de santé qui nous accablent peuvent être – avec une certaine prise de conscience et une volonté d'agir – ramenés à des inconforts que nous pouvons contrôler. Le respect et les soins donnés à notre corps nous assurent un équilibre complet et un vieillissement harmonieux.

À travers les chapitres qui suivent, vous trouverez ce *manuel d'entretien* du « corps heureux » annoncé sur la couverture :

- la « liste des pièces » : quelques notions élémentaires d'anatomie, question de bien nommer ce dont on parle ;
- le « mode d'emploi » : des explications sur le fonctionnement du système musculo-squelettique ;
- le « mode d'entretien » : comment entretenir ce système pour assurer un fonctionnement optimal ;
- des « conseils de dépannage » : comment éviter certains problèmes ou les atténuer ;
- et, surtout, un « mode de jouissance » : comment vivre pleinement sa vie tous les jours, dans ses moindres gestes...

À vous de jouer !

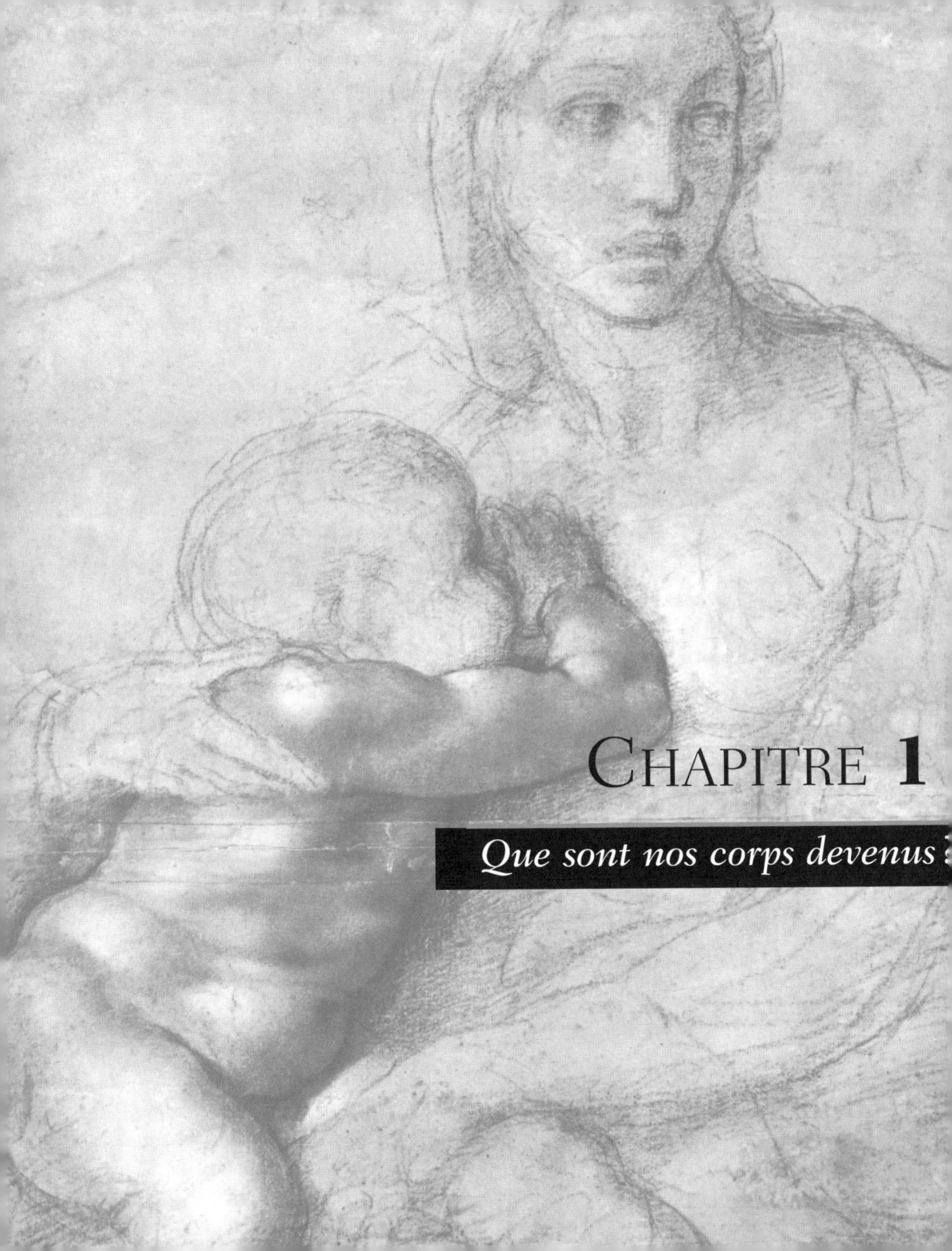

CHAPITRE 1

Que sont nos corps devenus ?

Petit historique du corps au quotidien

- *L'omniprésence de la chaise*
- *Les métiers, de révolution en révolution*
- *L'obsession du corps parfait*

La douleur négligée

- *D'où vient ce mal que je ne saurais supporter ?*
- *Et les douleurs de négligence*

Évaluation de votre état physiologique en 12 petits pièges

- *Évaluation*

Petit historique du corps au quotidien

Aujourd'hui comme hier, le corps humain continue de fonctionner selon les mêmes lois, les mêmes mécanismes, le même rythme mystérieux ; la vie, la mort, l'enfantement... de mémoire d'être humain, rien n'a changé. On ne saurait en dire autant de ses conditions d'existence, source de bien curieux paradoxes : bien que tout bouge plus vite grâce aux modes de transport et aux moyens de communication, nous sommes de plus en plus sédentaires ; alors que des appareils toujours plus automatiques sont censés faciliter les choses, la fatigue est un mal largement répandu ; et même si l'industrie agroalimentaire ne cesse de créer de nouveaux produits, se nourrir adéquatement est devenu un casse-tête...

La technologie et les modes de vie qui en découlent se modifient maintenant à l'intérieur même d'une génération, poussant ainsi à sa limite notre faculté d'adaptation. Comment est-ce possible, en un temps si court, d'assimiler autant de nouvelles façons de faire, d'agir, de se comporter ? Aussi bien sur le plan spirituel que philosophique et intellectuel, nous avons à nous redéfinir et à nous « re-situer » constamment.

Mais au regard de notre propos, ce sont les conditions dans lesquelles le corps se meut, ou ne se meut pas, qui me préoccupent particulièrement. Or, ces conditions ont toutes commencé à changer dans un passé assez récent, après plusieurs siècles d'une stabilité relative.

L'omniprésence de la chaise

Vous êtes assis, sans doute, parce que c'est généralement cette position que l'on adopte pour lire. Mais, surtout, parce que la chaise – longtemps objet d'appoint – est devenue en quelque sorte la prothèse la plus commune chez les Occidentaux. Au point où se tenir debout plusieurs minutes relève de l'exploit pour nombre d'entre nous.

L'histoire de l'humanité nous révèle pourtant qu'il y a bien d'autres maintiens qui conviennent à nos activités, et que des millions de personnes à travers le monde continuent de privilégier encore aujourd'hui. Il faut dire que, sous nos climats, le siège est bienvenu depuis longtemps parce qu'il nous évite le contact avec un sol froid. Toutefois, c'est la concentration de la population dans les villes, puis une aisance financière accrue qui l'ont répandu. Avec l'arrivée de l'instruction obligatoire – en Occident, toujours –, c'est dès l'enfance que s'est établie l'habitude de s'asseoir de longues heures chaque jour.

Au début du XXe siècle, quand un certain assouplissement des mœurs a succédé à la rigidité victorienne, la notion de confort s'est bientôt imposée comme un critère de qualité de vie. Fauteuils rembourrés et canapés moelleux ont peu à peu conquis la faveur du public, au grand dam de l'austère cathèdre ou de la petite chaise droite.

Après la Seconde Guerre, l'usage de l'automobile s'étant répandu, on répugnait de plus en plus à se servir de ses jambes. À la même époque, l'avènement de la télévision entraînait la conversion du trop sage salon en salle de séjour, où l'on pouvait enfin « prendre ses aises ». Finies les longues marches après le souper. Finies ces soirées où l'on se retrouvait chez les amis pour une petite partie de cartes ou, mieux, quelques pas de danse – qui mettaient du *swing* dans le moteur et de l'huile dans l'engrenage.

De nos jours, boulot oblige, ou bien nous sommes assis, rivés à un écran d'ordinateur ou au volant d'une voiture, ou bien nous refaisons en automate les mêmes gestes devant le même appareil, ou bien nous courons toute la journée sur un plancher de tuile ou de ciment.

Les métiers, de révolution en révolution

Depuis combien de temps les Terriens font-ils de l'agriculture ? Dix ou douze mille ans, semble-t-il. Et jusqu'au milieu du XIXe siècle, alors qu'on voit apparaître les premières machines agricoles, les paysans exécutaient toujours les mêmes gestes pour labourer, semer, tailler, récolter... L'invention des machines agricoles, leurs perfectionnements successifs, puis le développement de l'électronique et de l'informatique ont considérablement changé les choses, bien que le travail du secteur primaire continuât d'exiger une bonne force physique et une grande variété de mouvements.

Par ailleurs, si les artisans souffleurs de verre, modistes ou ébénistes fabriquent encore aujourd'hui des objets grâce à leur dextérité et à la sueur de leur front, la très grande majorité des ouvriers du secteur secondaire travaillent dans un environnement hautement mécanisé. C'est l'industrialisation qui a amené le travail *répétitif et statique*.

Quant au secteur tertiaire, qui s'est développé surtout à la suite du grand essor économique de l'après-guerre,

En ce qui concerne le bien-être corporel, la meilleure innovation du dernier siècle n'a sûrement pas été cette « paralysie partielle », pourtant présentée comme un progrès... Aucune autre espèce du règne animal ne choisit librement de vivre ainsi dans l'immobilité.

il s'est mis à requérir des armées de plus en plus nombreuses de secrétaires et de commis de bureau. Entre l'apparition de ces emplois et la modification radicale des conditions de travail de ceux qui les occupent, avec l'avènement de l'informatique, il s'est à peine écoulé une soixantaine d'années. Prenons le cas des téléphonistes : en 1940, un modèle courant de standard pouvait faire plus de 1 mètre de large et compter plusieurs dizaines de fiches qu'il fallait débrancher et rebrancher pour établir un contact. Aujourd'hui, un poste de travail de téléphoniste, comme celui de la majorité des employés de bureau, se résume à un clavier et à un écran.

Le corps n'est plus sollicité dans toutes ses possibilités, mais seulement de façon sélective et fragmentée ; s'il n'est plus harassé par l'effort physique, l'impact du stress a, par contre, pris la relève. Ce n'est plus la difficulté du geste qui est exigeante, mais sa répétition et la rapidité avec laquelle il faut l'accomplir. Ce qui s'avère un progrès du point de vue économique, à cause de la rationalisation des gestes et des tâches (en Amérique du Nord, la productivité a plus que doublé entre 1950 et 2000), ne l'est pas forcément pour le travailleur.

Évidemment, personne ne regrette l'époque où on mourait à 45 ou 50 ans, le corps littéralement usé. Aujourd'hui, les centenaires ne constituent plus vraiment un phénomène, et leur nombre va en augmentant. Cela signifie-t-il que les êtres humains savent mieux s'occuper de leur santé ?

Même pendant la période « noire » de l'ère industrielle, il était courant de prévoir des périodes d'exercices pour les travailleurs d'usine.

On sait que les principaux facteurs de l'accroissement de l'espérance de vie sont de deux ordres : en premier lieu, le développement des connaissances en microbiologie et, en conséquence, les nouvelles conditions d'hygiène, qui ont entraîné une réduction spectaculaire de la mortalité infantile et enrayé nombre d'épidémies ; et aujourd'hui, les progrès de la médecine et de la chirurgie qui permettent aux personnes atteintes, notamment, d'insuffisance rénale, de diabète, de maladies coronariennes ou respiratoires de suppléer aux faiblesses de leur organisme. Cependant, même si les recherches immunologiques et les nouvelles technologies médicales continuent de jouer un rôle de premier plan, ni les unes ni les autres ne garantissent la santé.

L'obsession du corps parfait

Dans l'ensemble du monde occidental et ce, depuis les Grecs, les élites mâles ont toujours été entraînées à la force, à la puissance et à l'agilité – qualités qui sont devenues des critères de beauté.

Au début du XXe siècle, en France notamment, l'homme fort fait l'objet d'un véritable culte. Les vedettes de l'époque se nomment Professeur Attila ou Louis-Uni Apollon ; au Québec, on adule Louis Cyr. « Sans la force matérielle, dit un traité français d'athlétisme datant de 1909, la force morale est réduite[1]. » Plus loin, le même ouvrage affirme que « tous les actes de courage dont l'histoire nous a laissé le souvenir furent tous ou presque accomplis par des hommes forts et robustes, dans les artères desquels courait un sang pur et chaud »...

Quant aux femmes, même si elles doivent pouvoir « marcher de pair avec leurs robustes compagnons », pas question d'en faire des « viragos musclées », soutient ce même traité : « Délicatesse des membres, perfection des lignes, sveltesse des formes, finesse des attaches, ce sont

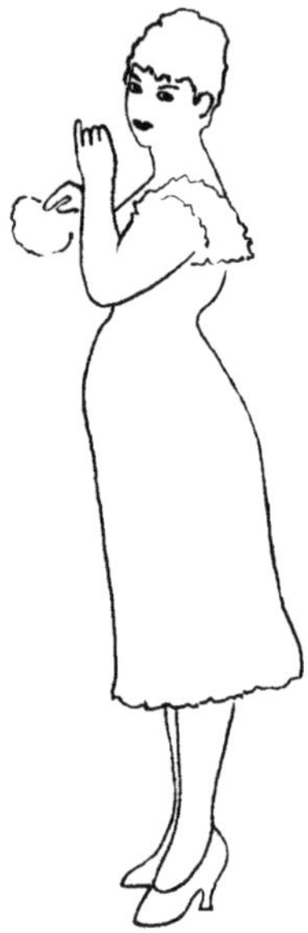

là de gracieux apanages qui veulent être scrupuleusement respectés. »

Idéal de féminité, donc, tel que l'a toujours représenté la *Vénus* de Milo, même si sa relative corpulence serait aujourd'hui honnie dans les concours de beauté... Ce sont ces concours, et les magazines dits féminins, qui ont graduellement créé l'anorexique déprimée qu'on nous présente maintenant comme image du corps idéal. Alors qu'en 1920, on préférait les femmes dont le tour de poitrine, de taille et de hanches mesuraient respectivement 92, 56 et 106 centimètres, ces proportions étaient passées à 86, 58 et 86 centimètres en 1990. *Out* les formes voluptueuses, *in* les formes androgynes.

À notre époque, un individu voit en moyenne plus de 10 000 images par jour. Or, les puissants stéréotypes que la publicité nous impose deviennent nos modèles de référence, même si nous n'adhérons pas toujours aux valeurs qu'ils sous-tendent. Évidemment, quand ils font miroiter la réussite et le bonheur...

La richesse, le pouvoir et, bien sûr, la beauté nous sont donc vendus comme des gages de bonheur : la beauté plastique, celle de la forme, du contenant, taille et fesses comme ceci, abdomen et muscles comme cela. Et si les civilisations antérieures ne proposaient d'idéal corporel qu'à leur élite masculine, les centres de conditionnement physique le vendent aujourd'hui à tout un chacun.

Ces corps sculptés que l'on propose ne représentent toutefois pas LA santé, mais un état physiologique qui, sauf pour quelques-uns, sera temporaire. Car les muscles développés réclament un entraînement quotidien intense, à défaut de quoi ils s'atrophient, ce qui laisse d'autant plus de place aux tissus adipeux !

Heureusement, de récentes études en sociologie et en science sportive attestent que les conceptions de la santé et de la forme physique se modifient en profondeur. Nous voyons déjà apparaître des clubs de santé d'un nouveau type, avec des programmes d'entraînement plus appropriés aux besoins multiples d'une société contemporaine.

La douleur négligée

Selon mon observation, les gens se rendent rarement compte du stress et du déséquilibre qu'ils imposent sans cesse à leur corps. C'est tout comme si leur perception sensorielle se limitait à la température ambiante : il fait trop, assez ou pas assez chaud.

Le système nerveux, pourtant, nous informe constamment sur ce que le corps vit : nous savons si nous sommes assis ou debout, les bras en croix ou la tête penchée, si nos fesses reposent sur la chaise et nos pieds, sur le sol. Et avec un peu d'attention, nous savons également si notre abdomen est rentré ou si les muscles de notre cou sont en tension. Mais de la même façon que certaines personnes sont incapables d'évaluer correctement les distances (elles lancent trop loin, par exemple) ou les volumes (elles choisissent des chaudrons trop petits) – et cela même si leur sens de la vue est normal –, d'autres n'arrivent pas à bien *saisir* leur corps ; elles ne sont pas conscientes de leur état de tension, ou de leur démarche saccadée, ou tout simplement de leur posture.

Évidemment, quand le stress dépasse le point critique, n'importe qui vous dira que *ça fait mal*. Une fois chez le médecin ou le thérapeute, toutefois, nombreux

Il est un adage selon lequel les Asiatiques sont propriétaires de leur corps, alors que les Occidentaux n'en seraient que les locataires...

Quand la conception de nos maux n'est pas claire, les mots pour le dire ne viennent pas aisément...

sont ceux qui ne savent pas comment définir leur problème de façon plus précise que : « J'ai mal dans le dos », ou « Mon épaule me fait mal ». Comme s'il existait une distance entre celui qui parle et son mal ; comme si l'épaule et soi, c'étaient deux entités... Parce que, trop souvent, notre compréhension des mécanismes corporels est limitée.

D'où vient ce mal que je ne saurais supporter?

Une douleur, c'est un avertissement – qu'il y a blessure, maladie ou dégénérescence –, et c'est un peu comme le trou au talon d'une chaussette : quand le trou est reprisé à temps, la chaussette peut donner encore des mois de bons services. Sinon, le trou s'agrandit et la chaussette devient inutilisable. Qui, sachant qu'il ou elle peut facilement vivre jusqu'à 85 ans, veut vraiment passer le dernier quart de son existence à regretter d'avoir fait la sourde oreille ?

Il est probable que, bien avant cette manifestation aiguë, des signaux d'intensité variable ont été émis, sans être bien perçus, interprétés et analysés. Par ailleurs, trop de gens pensent encore que, tant que la douleur est supportable, rien ne « justifie » une visite chez le médecin ; comme si prendre soin de soi, c'était nécessairement tomber dans la complaisance ! Lorsque le système nerveux fonctionne normalement, une douleur, même petite, constitue une information qui mérite d'être considérée.

Mais qu'est-ce que la douleur, exactement ? Le physiologiste Marc Schwob décrit ainsi ce phénomène neurologique complexe. « D'un simple stimulus désagréable (comme une piqûre), elle devient un influx nerveux qui excite les cellules nerveuses, qu'on appelle les neurones. Ceux-ci transforment l'information en un message chimique, par l'intermédiaire de molécules appelées neurotransmetteurs. Ce message passe à la moelle épinière ; de celle-ci vers le centre cérébral de la douleur, le thalamus ; de celui-ci enfin vers les zones intelligentes du cerveau qui cataloguent, localisent et mémorisent la douleur. Le stimulus douloureux peut avoir plusieurs origines : mécanique, thermique, électrique, chimique ou biologique, interne ou externe[2]. »

Grâce au système nerveux, le corps est donc bien équipé pour veiller au bon fonctionnement de l'organisme et se donne beaucoup de mal pour maintenir cet équilibre. En retour, l'écouter serait la moindre des choses. Mais si la négligence de la douleur n'est souvent qu'une petite paresse, sans conséquence immédiate, à long terme, elle ne pourra que desservir son auteur. Il n'est pas question de courir chez le spécialiste tous les mois pour se faire ausculter de part en part, mais de prendre le temps d'être attentif à ce que notre corps nous dit (puisqu'il sait se faire comprendre), et d'agir pour régler le problème à la source. Notre corps mérite sûrement autant de soins qu'un bonsaï ou une perruche...

Du point de vue physiologique, ce qu'on appelle le « seuil de tolérance » à la douleur ne varie pas beaucoup d'un individu à l'autre. Toutefois, plusieurs facteurs entrent en jeu dans la capacité de chacun à composer avec le mal :

1. L'éducation : certains ont appris à ne pas pleurer pour rien, ou à faire le brave ; d'autres ne savent pas quand se donner des moments de repos. Ce sont des habitudes fortement ancrées qu'il faut réévaluer, un jour ou l'autre.

2. L'émotivité du moment : en période de tristesse, de solitude ou de stress, la douleur peut paraître plus grande ; à l'inverse, une brûlure au doigt au moment de préparer un repas de fête est souvent vite oubliée.

3. La connaissance : on a vu, par exemple, des gens vomir après avoir été informés, par erreur, qu'ils venaient de manger des aliments impropres à la consommation. Connaître la nature exacte de son mal – et des conséquences qu'il peut entraîner – n'atténue pas la douleur, mais permet de lui donner sa juste mesure.

Histoire d'un mal de dos : petit mal deviendra grand

Pierre est ce qu'on appelle un gars solide. Depuis l'âge de 20 ans, il joue au hockey une fois par semaine. Consultant en informatique, il se déplace chez ses clients, mais passe quand même beaucoup de temps assis. Il adore conduire sa voiture sport, dont le siège est bas – ce qui amène ses genoux sous le volant et le force à orienter le dossier vers l'arrière.

Curieusement, c'est la semaine suivant son 35e anniversaire, en mars, que de légers maux de dos ont commencé à apparaître au lendemain de chacune de ses parties de hockey. Généralement, tout se replace après une bonne douche chaude, et la vie continue.

Le 1er juillet, il aide une amie à déménager ; poêle, réfrigérateur, boîtes de livres : rien de trop difficile pour un gars solide. Le lendemain, toutefois, les maux de dos se font plus intenses. Cette fois, il faut des bains chauds et du liniment pendant quelques jours pour les faire disparaître.

Dorénavant, au cours des parties de hockey, il passe plus de temps sur le banc que sur la glace, pour « ménager » son dos.

En novembre, Pierre va passer ses vacances dans le Sud. Il roule pendant deux jours pour parcourir les 1500 kilomètres qui le séparent de sa destination. Le lendemain, à l'hôtel, impossible de quitter le lit : les douleurs au dos sont telles que Pierre est complètement immobilisé.

À quelques détails près, voilà une histoire que vous avez tous déjà entendue. En effet, les entorses lombaires sont de plus en plus fréquentes. Outre les cas d'accidents soudains causés lorsqu'on tente de déplacer une charge trop lourde, elles sont souvent la conséquence d'un affaiblissement progressif des ligaments de la région lombaire, un processus qui s'échelonne sur plusieurs années, donc. Mais si Pierre avait su écouter et interpréter les signes avant-coureurs, il se serait probablement évité ce malheureux épisode. Il faut dire que, comme beaucoup d'autres, il croyait bien prendre soin de sa forme physique en pratiquant le hockey.

Faire du sport et bien prendre soin de son corps sont deux choses fondamentalement différentes, mais qui se complètent.

Quand on attend qu'une douleur devienne intolérable ou qu'une articulation devienne complètement non fonctionnelle avant de s'adresser à un professionnel de la santé, on demande à ce dernier de réparer des mois ou des années de négligence. Ce qui est forcément plus long, plus compliqué et plus coûteux que de soigner le mal à ses débuts. Repeindre une maison tous les 5 ans, c'est un travail relativement simple ; après 20 ans de laisser-faire, il faut gratter la peinture écaillée, remplacer le bois pourri par les intempéries, boucher les trous, donner trois ou quatre couches de peinture...

Et les douleurs de négligence

Certaines personnes, donc, choisissent d'ignorer un signal qui contient une information importante pour leur bien-être, à court ou à long terme. D'autres, par contre, se livrent parfois (ou souvent) à des « étourderies » qu'elles savent susceptibles d'entraîner un malaise plus ou moins grave, ou même un accident.

Danger!

- *Soulever une lourde charge sans prendre la position appropriée.*
- *Monter sur une chaise à roulettes pour atteindre un livre sur une tablette élevée.*
- *Pousser une voiture prise dans la neige.*
- *Transporter trois boîtes en même temps – un «voyage de paresseux» – quand ce serait plus prudent de n'en prendre qu'une ou deux.*

Depuis longtemps, je me demande pourquoi une personne intelligente et équilibrée met en danger sa santé – en toute connaissance de cause – par des gestes imprudents. Cette question relève sans doute de la psychologie, et n'est pas de mon ressort. Mon seul propos ici est de vous convaincre que le «bonheur corporel» est un état non seulement possible mais à votre portée.

Même s'il est naturel, ce bonheur n'est pas automatique. Pour l'atteindre, vous devrez y mettre du vôtre... Sans être le moindrement masochistes, plusieurs d'entre nous négligent pourtant d'effectuer les changements qui entraîneraient leur mieux-être. Il ne me reste donc qu'à vous démontrer qu'il vaut la peine de se doter d'un «corps heureux», expression que je suis loin d'utiliser à la légère.

Il faut reconnaître que la fatigue physique et psychologique dont souffrent tant de gens aujourd'hui en amène plusieurs à abdiquer. Quoi qu'on leur propose comme solution, ils le perçoivent comme un effort supplémentaire dont ils se sentent incapables. Compréhensible certes, cette réaction n'est cependant pas fondée. Parce que les gestes que l'on fait pour prendre soin de soi nous accordent ce petit temps suspendu, privilégié, qui nous ressource, nous régénère et nous libère, justement, de la fatigue. Je vous en parlerai plus longuement au cours de ces pages.

Une chose est claire, toutefois: on ne peut pas espérer améliorer son bien-être physique sans y consacrer un minimum de temps. Ce n'est pas une question d'agenda mais plutôt, en premier lieu, une question d'attention, puis d'intégration à la routine quotidienne. La plupart des «pratiques» que je vous propose peuvent être accomplies à la maison ou au bureau (ou entre les deux). N'importe quand ou tout le temps.

Par ailleurs, vous voudrez peut-être consulter des moniteurs compétents au cours de ce processus, des gens bien formés qui connaissent les subtilités de la bonne posture. Je ne peux que vous y encourager.

ÉVALUATION DE VOTRE ÉTAT PHYSIOLOGIQUE EN 12 PETITS PIÈGES...

Choix de réponses

A : Pas de problème !
B : Vous y arrivez, mais ce n'est pas facile.
C : Vous songez sérieusement à renoncer.

Questionnaire

1. Vous êtes en pays étranger, où la salutation consiste à joindre vos deux paumes l'une contre l'autre derrière le dos, les doigts vers le bas. (Souplesse des épaules)	A	B	C
2. Des gens vous invitent à partager leur repas qui se prend assis par terre en tailleur. (Souplesse du bassin et des genoux, tonicité de la colonne vertébrale)	A	B	C
3. L'hôtesse vous demande d'apporter au jardin, trois marches plus bas, un cabaret contenant 10 grands verres remplis à ras bord de la boisson nationale. (Force des bras, équilibre et contrôle)	A	B	C
4. Le lendemain, vos hôtes vous proposent d'aller voir des chutes spectaculaires ; pour s'y rendre, il faut traverser un petit torrent, suspendu à bout de bras à une liane. (Force des bras, tonicité des épaules)	A	B	C
5. Comme vous ignoriez que l'électricité est toujours coupée le soir, dès 20 heures, vous êtes forcé de quitter le 20e étage d'un immeuble par l'escalier. (Force des cuisses et des genoux)	A	B	C

6. Il reste une heure avant votre rendez-vous, et votre voiture tombe en panne sur un chemin désertique ; vous devez vous rendre à la station d'essence, située à deux kilomètres et demi, et revenir avec un bidon de trois litres. (Endurance cardio-vasculaire et force des bras)	A	B	C
7. C'est le mois de novembre et, pour une contravention non payée, la cour vous condamne à ratisser les feuilles dans un parc fort ombragé, de 10 mètres de côté. (Endurance des muscles du dos et des bras)	A	B	C
8. Votre artiste préféré donne un spectacle en ville ; pour acheter de bons billets, il vous faut faire la file pendant deux heures. (Endurance des muscles posturaux)	A	B	C
9. C'est un excellent spectacle, mais il vous faut rester assis pendant trois heures sur un banc de bois sans dossier. (Endurance des muscles posturaux)	A	B	C
10. À la fin du spectacle, la foule est en délire, et les applaudissements durent cinq minutes bien comptées ; vous ne voulez pas être en reste. (Force et endurance des muscles des bras)	A	B	C
11. Il n'y a plus qu'un seul autobus pour rentrer chez vous. Quand vous l'apercevez, il est au coin suivant, où la lumière vient de virer au rouge ; vous avez quelques secondes pour le rattraper. (Capacité cardio-respiratoire)	A	B	C
12. En sautant un banc de neige, vous perdez une botte ; vous la réenfilez sans mettre le pied dans la neige. (Souplesse, équilibre et tonus)	A	B	C

Évaluation

Pour chaque A: 3 points
Pour chaque B: 1 point
Pour chaque C: 0
Additionnez vos réponses et, selon le résultat, reportez-vous au paragraphe approprié.

36 à 25
Oui, votre corps semble heureux. Vous savez lui faire vivre toutes les situations avec enthousiasme et générosité. Votre environnement est une source de plaisir et de création. Et – encore mieux! – vous faites en sorte d'avancer en âge de façon harmonieuse.

24 à 12
Votre corps a sûrement de la difficulté à affronter certaines situations quotidiennes. Peut-être même en appréhendez-vous quelques-unes. Au lieu de les contourner, offrez-vous plus souvent le plaisir de les apprivoiser; au fil du temps, vous arriverez à les maîtriser.

11 à 0
Certaines circonstances de la vie vous ont peut-être amené à ne pas profiter pleinement de votre corps. Donnez-vous au moins la chance d'explorer de petits plaisirs et de petits bien-être.

Utilisez ce questionnaire pour repenser la façon d'accomplir les gestes de votre quotidien.

Et alors?

Que vous révèle ce petit test? Peut-être avez-vous accompli facilement les gestes qui requièrent de la souplesse, mais ceux qui font appel à votre force vous ont fait grincer des dents, ou l'inverse… Cet échantillonnage d'exercices avait pour but de mesurer l'équilibre de votre condition physique, *équilibre* étant ici le mot essentiel.

Le corps que nous sommes maintenant, à ce moment-ci, dépend d'un tas de facteurs; même nos expériences sociales, émotives ou psychiques nous amènent à nous habiter différemment. Mais je le répète: un corps peut difficilement être heureux si on l'abandonne à son sort. Un corps heureux est un corps vivant, habité.

Le corps obéit aux lois de la physiologie. Lorsqu'une personne décide d'agir en vue d'approfondir la compréhension qu'elle a d'elle-même, c'est à la suite d'un certain processus: prise de conscience de sa réalité, analyse, choix des interventions, et application de celles-ci. Simultanément, la pensée doit passer par le corps pour faire son cheminement: écouter et comprendre son dos, son épaule, les restrictions de la maladie, du vieillissement… Le corps suit l'esprit qui suit le corps qui suit l'esprit… Vous êtes tout cela! Vous n'êtes qu'un. Vous êtes unique, dans bien des sens du terme…

Ce test vous indique des faiblesses auxquelles vous voulez remédier? Pour cela, il faut se dégager des critères idéalistes (d'une certaine culture) auxquels nous sommes soumis, et se recentrer sur les valeurs d'un corps heureux. Il faut surtout se retrouver avec l'amour de soi.

RÉFÉRENCES

1. Professeur Desbonnet, *La force physique – Traité d'athlétisme*, Berger-Levrault & Cie Éditeurs, 1909.
2. Marc Schwob, *La douleur*, Flammarion, 1994.

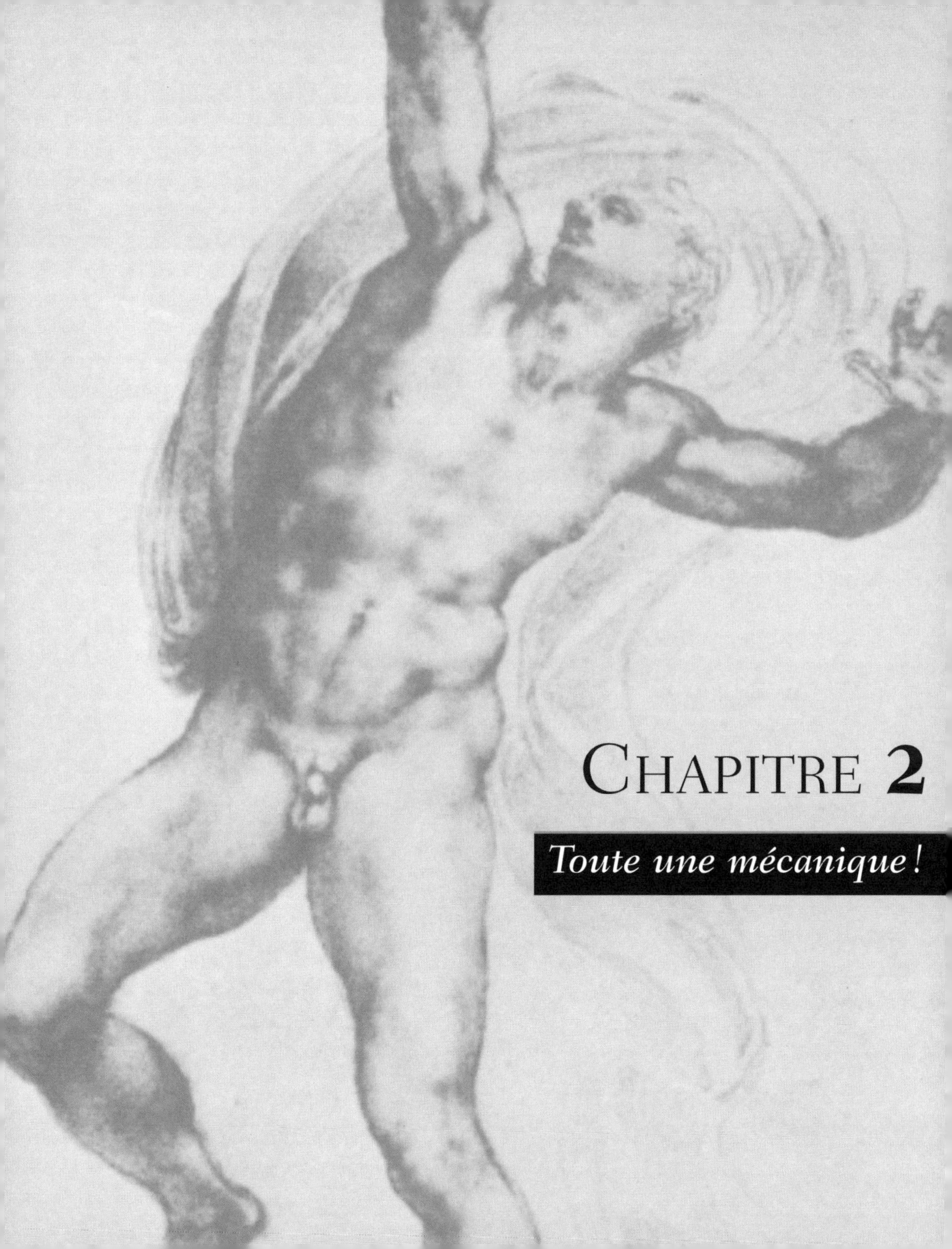

CHAPITRE 2

Toute une mécanique !

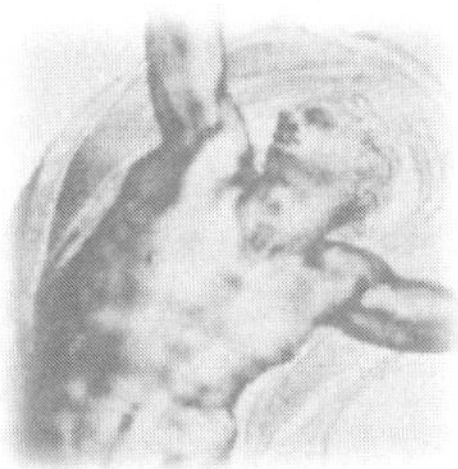

Les différents systèmes

Qu'est-ce que c'est?

- *Les os*
- *Les nerfs*
- *Les trois types de muscles*
- *Les muscles agonistes et antagonistes*
- *Les tendons et les ligaments*
- *Les chaînes musculaires*

La structure: os et muscles

- *Le crâne*
- *Le dos et la colonne vertébrale*
- *La ceinture scapulaire*
- *Les membres supérieurs*
- *La cage thoracique*
- *L'abdomen*
- *La ceinture pelvienne*
- *Les membres inférieurs*

La base: les pieds

- *Le fonctionnement*
- *Les chaussures*
- *Des pieds musclés... ou nickelés*

Pratiques quotidiennes

- *Pour la santé des pieds*

Dans tout bon manuel d'entretien, avant de prodiguer quelque conseil que ce soit, on présente d'abord les éléments de l'appareil, pour ensuite en expliquer le fonctionnement. Quand l'appareil en question, c'est le corps humain, l'entreprise tient du défi, tant ses composantes sont nombreuses et diverses, et leurs interactions souvent complexes. Mais rassurez-vous! Cette courte présentation sera «sans douleur», mon but n'étant pas de vous imposer un cours exhaustif d'anatomie, mais simplement de vous fournir quelques repères afin de mieux comprendre les chapitres qui suivent. Comme le disent mes élèves: «Quand on connaît le rôle d'un muscle ou d'une chaîne musculaire, on sait mieux "où" faire l'effort.»

Les différents systèmes

Le corps est composé d'os qui le charpentent, de muscles grâce auxquels il se tient et se meut, de nerfs qui véhiculent l'information en provenance des centres nerveux, et d'organes qui remplissent une fonction déterminée: respiration, circulation sanguine, alimentation, perception, etc.

La «gérance» de ces éléments, de même que leur subsistance sont assurées par des *systèmes* organisationnels. Bien que, mis à part le système musculo-squelettique,

LES OS

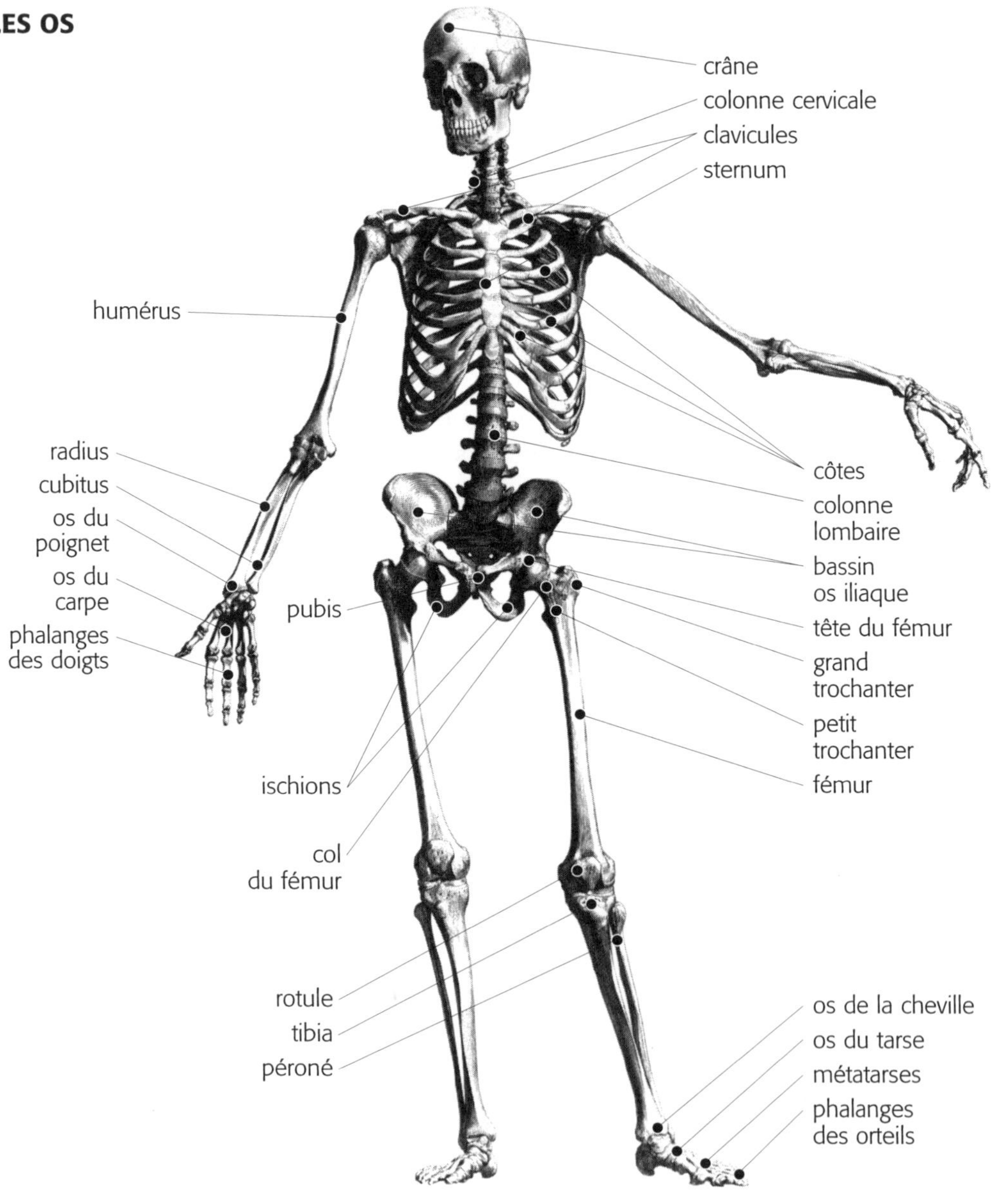
crâne
colonne cervicale
clavicules
sternum
humérus
radius
cubitus
os du poignet
os du carpe
phalanges des doigts
pubis
côtes
colonne lombaire
bassin os iliaque
tête du fémur
grand trochanter
petit trochanter
fémur
ischions
col du fémur
rotule
tibia
péroné
os de la cheville
os du tarse
métatarses
phalanges des orteils

leur fonctionnement ne fasse pas partie de cet exposé, je les énumère à titre de rappel.

- Le système nerveux, véritable réseau de communication.
- Le système endocrinien, régulateur des hormones et du métabolisme.
- Le système respiratoire, qui fournit l'oxygène et collecte son résidu, le gaz carbonique.
- Le système cardio-vasculaire, qui distribue le sang oxygéné et les nutriments essentiels à la vie.
- Le système digestif, qui absorbe et dégrade les aliments, et rejette les déchets solides.
- Le système urinaire, qui élimine les déchets liquides.
- Le système lymphatique, qui regroupe les circuits de ganglions, régulateurs de la résistance aux infections.
- Le système reproducteur, qui, en plus de satisfaire à notre instinct de conservation, exerce une forte influence sur nos désirs, nos élans et notre équilibre psychique et émotif.

Voilà ! Et comme ce qui nous intéresse ici, c'est le corps en mouvement, je m'attacherai maintenant à décrire le squelette et son support, l'ensemble des muscles.

Qu'est-ce que c'est?

Les os

Le squelette est composé d'os et de cartilages. Au cœur de l'os se trouve une partie spongieuse dans laquelle se loge la moelle osseuse ; la moelle alimente le sang en globules rouges, en plaquettes sanguines et en certains types de globules blancs. L'os lui-même est un tissu

LES OS

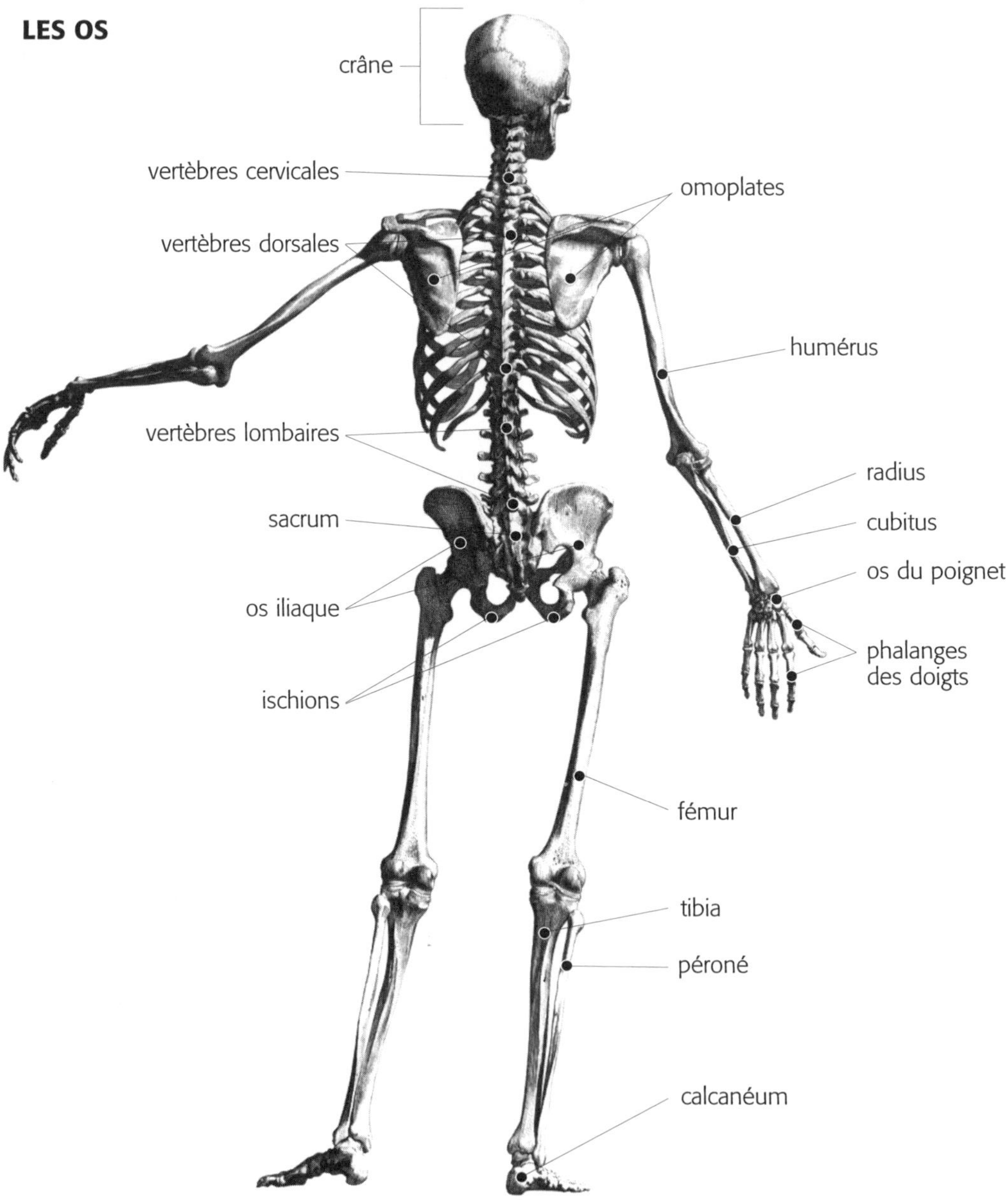
crâne
vertèbres cervicales
omoplates
vertèbres dorsales
humérus
vertèbres lombaires
radius
sacrum
cubitus
os du poignet
os iliaque
phalanges
des doigts
ischions
fémur
tibia
péroné
calcanéum

compact de collagène imprégné de minéraux, dont font partie le calcium, le magnésium, le sodium, le chlore et le fluor. Il est recouvert d'une membrane, innervée et vascularisée, appelée *périoste*, qui joue un rôle essentiel dans sa nutrition, son développement et, au besoin, sa réfection. Soulignons que ce sont les sels de calcium dont il est imprégné qui assurent à l'os dureté et résistance (le calcium est également nécessaire à la qualité de la contraction musculaire et à la coagulation du sang).

Au cours d'un entraînement, lorsque le périoste *d'un os long (le tibia, par exemple) est soumis à de nombreux stress, il peut s'enflammer ou se décoller de l'os sous-jacent ; c'est ce qu'on appelle une* périostite.

Selon les individus, le squelette compte de 206 à 210 os, tous reliés entre eux – et, de façon directe ou indirecte, à la colonne vertébrale. Il existe trois variétés d'os : long (le fémur), court (une vertèbre) et plat (l'omoplate). Certains possèdent une forme qui leur permet de recevoir et de protéger des organes essentiels (comme les os du bassin).

Le cartilage est un tissu résistant et élastique qui recouvre l'extrémité des os et facilite le mouvement articulaire dans le liquide synovial. Avec l'âge et l'usure, le tissu cartilagineux dégénère peu à peu, entraînant une affection, dite arthrose, à cause de laquelle les articulations se déforment et perdent leur mobilité. Il arrive aussi que se forment, dans le voisinage d'une articulation malade, des excroissances osseuses, ou ostéophytes, qui bloquent plus ou moins complètement celle-ci.

Les nerfs

Le réseau des nerfs, qui prend sa source au cerveau, dans l'encéphale, passe à travers le trou occipital, à la base du crâne, et descend à l'intérieur de la colonne vertébrale, où il forme la moelle épinière dont se détachent

LES MUSCLES PROFONDS

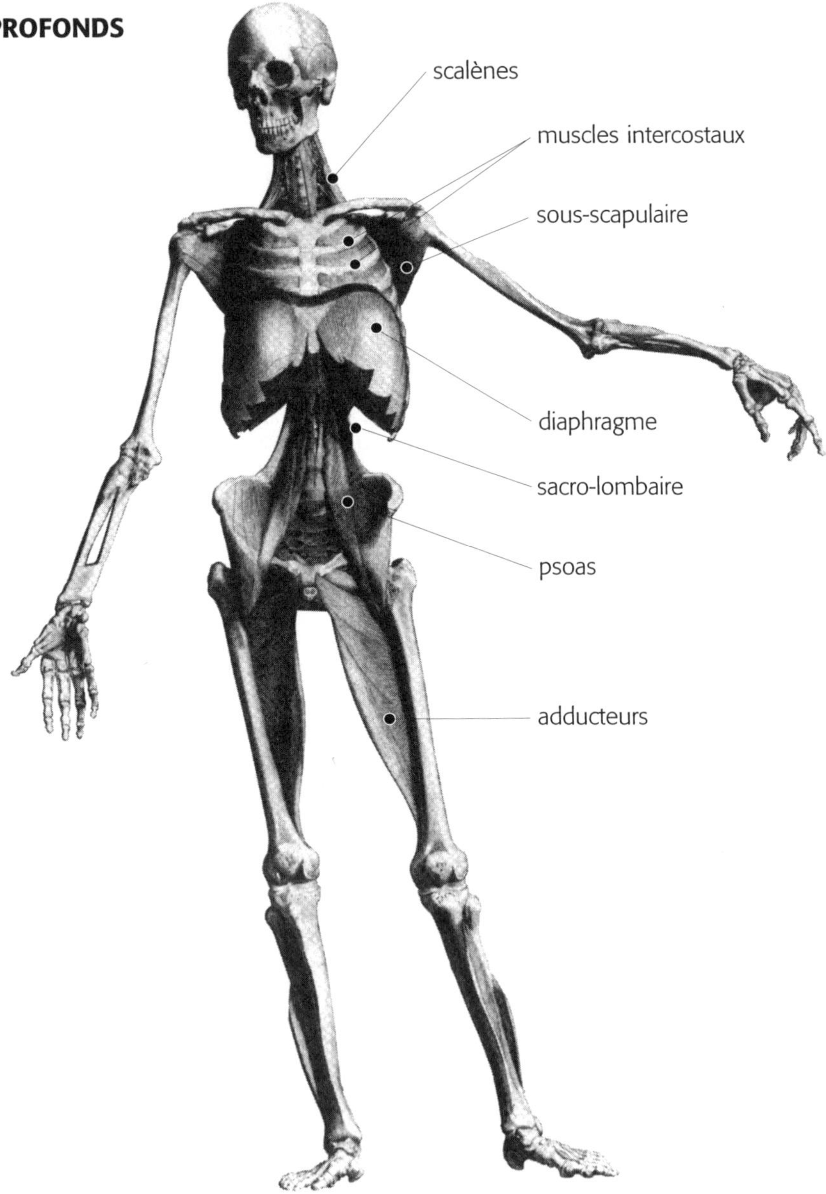

les 31 paires de nerfs rachidiens ; ceux-ci émergent des trous de conjugaison, entre les vertèbres, puis se ramifient dans des centres répartis le long de la colonne pour aller alimenter en influx nerveux, sensitifs aussi bien que moteurs, les divers organes, l'appareil locomoteur et l'épiderme. Ce sont ces mêmes nerfs qui se chargent de ramener vers les centres nerveux l'information sensorielle reçue en périphérie.

Une blessure importante d'un nerf rachidien engendre la paralysie du membre qu'il dessert. Par contre, soignés à temps, les nerfs périphériques peuvent être régénérés à l'aide d'une rééducation adéquate.

La tête et le cou, de même que les organes des sens sont, pour leur part, innervés par les nerfs crâniens, répartis en 12 paires, en continuité directe avec l'encéphale.

Les trois types de muscles

Les muscles sont formés de deux tissus étroitement liés : le tissu musculaire lui-même, contractile et extensible, inséré dans une enveloppe fibreuse plus résistante, ou *fascia*.

Le squelette est d'abord recouvert des *muscles de soutien,* dits aussi muscles profonds, qui assurent le maintien de la relation interosseuse et la stabilité des articulations (les muscles spinaux, qui longent la colonne vertébrale, sont de ce type). À ces derniers se superposent ceux qu'on qualifie d'*intermédiaires,* aussi bien à cause de leur situation que parce qu'ils servent à la fois au soutien et au mouvement (c'est le cas du rhomboïde, élévateur de l'omoplate). Les *muscles moteurs* (le biceps, par exemple), en général beaucoup plus gros, se trouvent en surface ; ils coordonnent tous les mouvements

LES MUSCLES PROFONDS

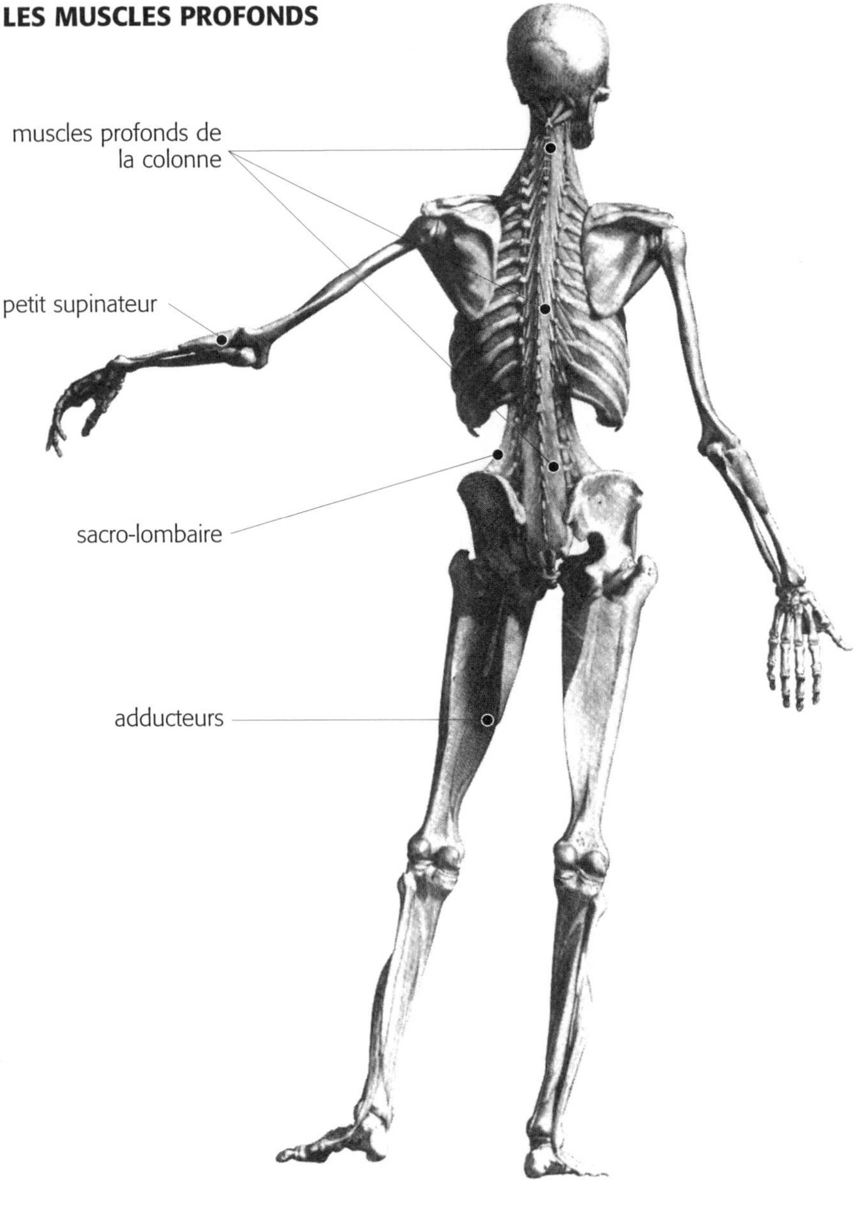

volontaires du corps et des membres. Les trois types de muscles peuvent être entraînés et renforcés, mais avec des exercices différents.

Les muscles agonistes et antagonistes

Lorsque le muscle qui fait l'action, ou agoniste, se contracte, le muscle qui lui est opposé, ou antagoniste, se tend pour opérer une résistance et participer au contrôle du mouvement. Tous les mouvements mettent en œuvre des muscles agonistes et antagonistes (biceps et triceps, abdominaux et dorsaux, extenseurs et fléchisseurs de la main).

Les tendons et les ligaments

Les tendons comme les ligaments sont composés de tissu conjonctif fibreux, élastique et très résistant. Les tendons forment les extrémités de l'enveloppe musculaire et rattachent les muscles au squelette ; quant aux ligaments, ils relient les os entre eux, au niveau des articulations, et les maintiennent en place lors d'un mouvement.

Lorsque vous vous apprêtez à boire, les muscles de la main se saisissent d'abord du verre, puis ceux de l'avant-bras et du bras l'orientent vers votre bouche. Cet ensemble de mouvements est effectué par une chaîne musculaire.

Les chaînes musculaires

Comme les courroies d'un système à poulies, les muscles se succèdent les uns aux autres en franchissant une ou plusieurs articulations, afin d'assurer un mouvement complet. Tout au long de la chaîne, les efforts musculaires se relaient et s'équilibrent pour assurer soit le mouvement contrôlé d'un membre ou d'une partie du corps, soit leur stabilité.

LES MUSCLES SEMI-PROFONDS

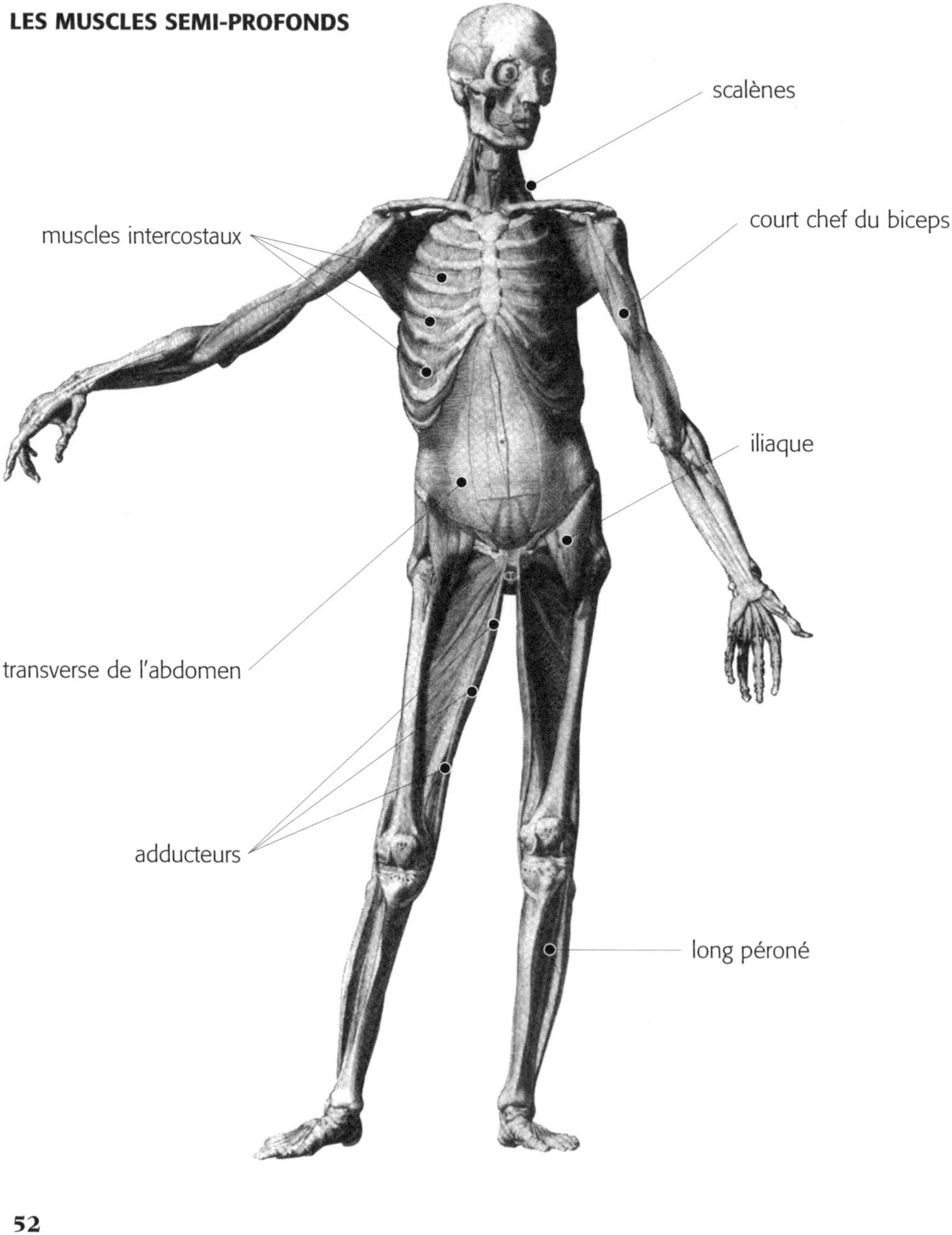

LA STRUCTURE: OS ET MUSCLES

Lorsqu'un trou de conjugaison *est rétréci par le déplacement des vertèbres l'une sur l'autre, le nerf qu'il renferme est pincé ou tout au moins coincé, ce qui envoie un message de douleur ou provoque un engourdissement dans la région qu'il alimente.*

Le crâne

Formée de plusieurs os à l'aspect particulier, la *boîte crânienne* enferme et protège le cerveau. Cependant, en termes de « corps heureux », c'est surtout de son bon équilibre, tout en haut de *l'échafaudage,* dont on se préoccupera ici.

Le dos et la colonne vertébrale

La colonne vertébrale est composée de 33 ou 34 vertèbres à peu près identiques. Chacune de celles-ci est formée, à l'avant, du *corps vertébral* (c'est la superposition des corps vertébraux qui fait la solidité de la colonne) et, à l'arrière, de l'*arc vertébral,* muni de cinq *apophyses.* Entre le corps et l'arc, se trouve un orifice triangulaire appelé *trou vertébral*; l'ensemble de ces trous superposés forme le canal rachidien qui contient la moelle épinière.

Les muscles spinaux qui soutiennent la colonne s'insèrent sur l'apophyse épineuse de même que sur les deux apophyses transverses. C'est aussi sur ces dernières, qui surplombent les points de contact avec les côtes, que sont attachés les muscles moteurs du tronc. Quant à l'articulation des vertèbres entre elles, elle est assurée par la jonction des apophyses articulaires. Enfin, de chaque côté de la colonne, et entre les vertèbres, se trouvent les *trous de conjugaison* qui laissent passer les nerfs rachidiens, les artères et les veines vertébrales.

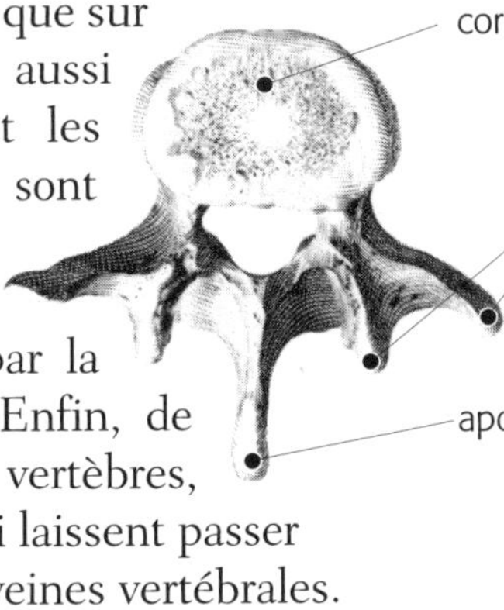

LES MUSCLES SEMI-PROFONDS

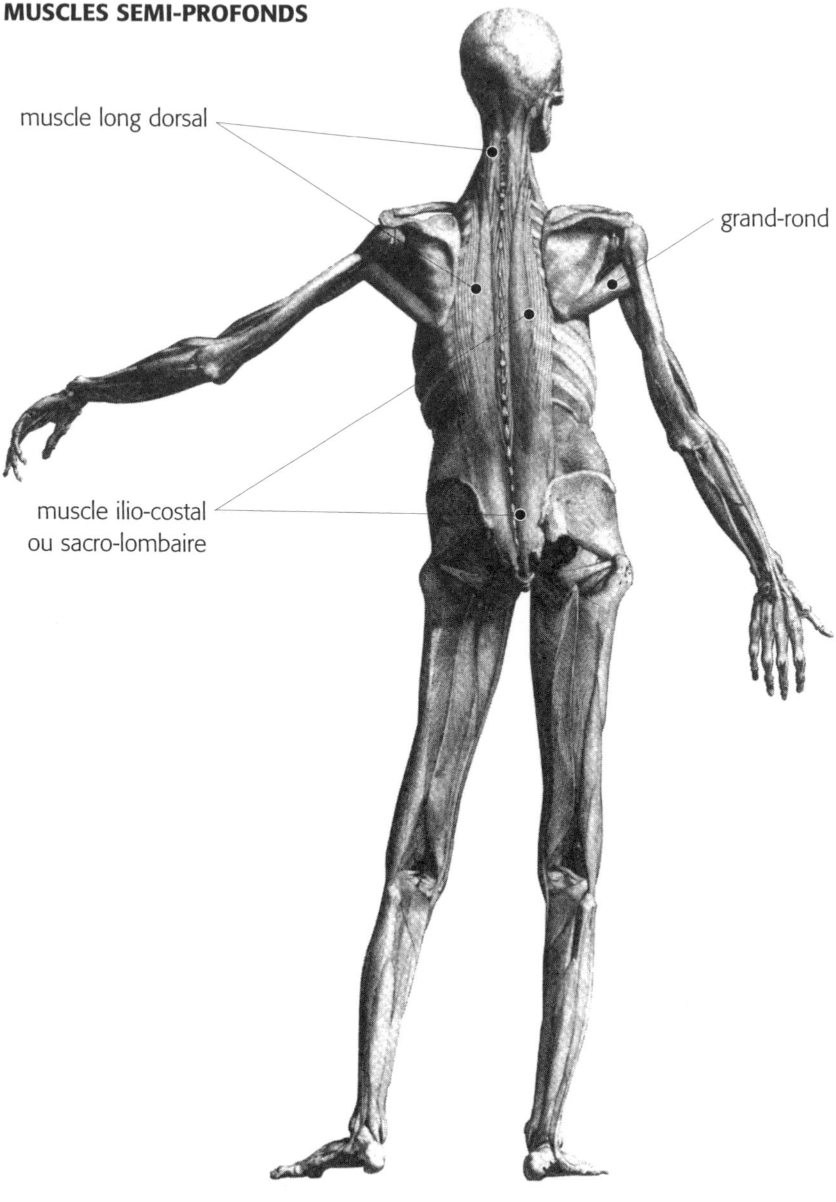

Cependant, ce qui donne à la colonne toute sa flexibilité, c'est la présence, entre chacun des corps vertébraux, d'un *disque,* dit *intervertébral*. Constitué d'anneaux fibreux, ce disque renferme un noyau gélatineux qui se déplace en son centre selon les mouvements de la colonne : il recule lorsqu'on se penche vers l'avant ; avance lorsqu'on se penche vers l'arrière ; glisse du côté opposé lorsqu'on s'incline.

Les vertèbres se dénombrent comme suit : 7 vertèbres cervicales (le cou), 12 dorsales qui s'articulent avec les côtes (le dos), et 5 lombaires (le bas du dos, la région la plus fragile), qui s'appuient sur le sacrum et le coccyx, tous deux formés de vertèbres soudées entre elles.

Si vous placez les doigts sur la nuque, vous rencontrez ce qu'on appelle fréquemment la « bosse de bison » (plus ou moins proéminente), qui correspond à la septième vertèbre cervicale et à la première dorsale. Glissez vos doigts vers le haut jusqu'au trou à la base du crâne : c'est le trou occipital, dans lequel s'insère la première vertèbre cervicale (appelée atlas, du nom de ce géant de la mythologie grecque, condamné pour l'éternité à soutenir la Terre sur ses épaules) ; celle-ci s'articule avec la deuxième vertèbre cervicale (ou axis), ce qui nous permet de tourner la tête. (Une certaine pratique, dite « chiropraxie spécifique », ne s'applique qu'à ces deux vertèbres.)

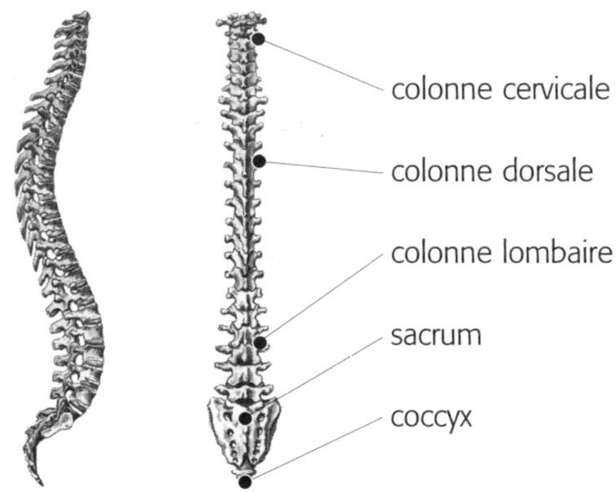

La colonne vertébrale est renforcée par les *muscles spinaux,* qui sont de deux ordres : d'abord des muscles fins

LES MUSCLES SEMI-SUPERFICIELS

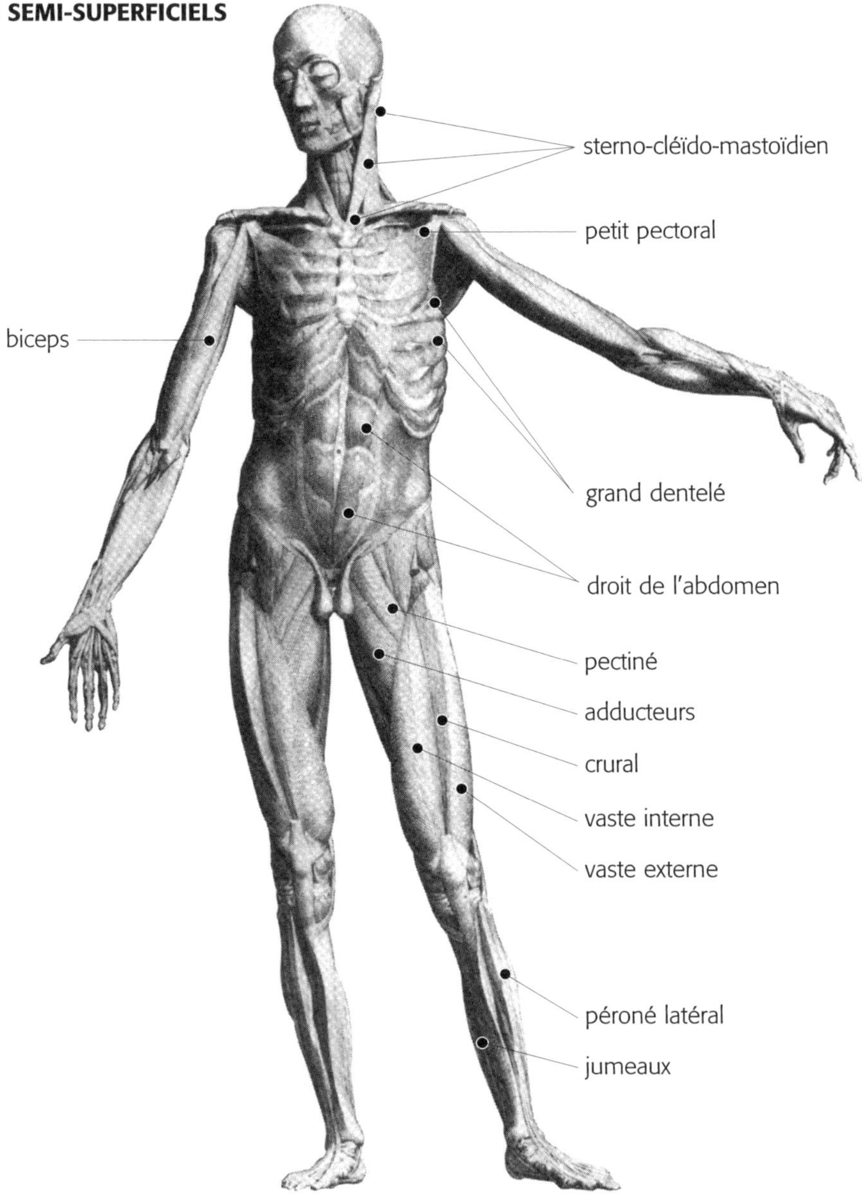

et très profonds qui enserrent la colonne d'une vertèbre à l'autre, et d'un groupe de vertèbres à l'autre ; puis des muscles intermédiaires qui montent de la base de la colonne vers la tête. Ces derniers contribuent également au redressement du dos et aux petits mouvements du tronc. Quant aux puissants muscles *dorsaux* (grand dorsal et trapèze), ils en assurent les mouvements importants.

La ceinture scapulaire

On appelle *ceinture scapulaire* l'ensemble des os, des muscles et des ligaments par lequel les bras sont rattachés au tronc. Les os sur lesquels se fixent les muscles sont les hautes côtes, les clavicules, le sternum et les omoplates, tous reliés par des ligaments. La tête de l'humérus (os du bras) s'unit à l'omoplate et à la clavicule pour former l'articulation de l'épaule. Les muscles les plus palpables de la ceinture scapulaire sont :

- Le *sterno-cléido-mastoïdien* : ce long muscle s'insère sur l'apophyse mastoïde du temporal (derrière l'oreille) et rejoint ensuite la clavicule et le sternum. Il contribue à la rotation et à l'inclinaison de la tête.
- Le *trapèze*: ce muscle superficiel qui va de la tête au tronc se répartit en trois faisceaux : le faisceau supérieur longe la nuque, à partir de l'arrière de l'oreille jusque sur le dessus de l'épaule (le muscle bombé dans lequel *se loge* si couramment le stress) ; c'est lui qui permet les mouvements de rotation et d'inclinaison de la tête, de même que le soulèvement de l'épaule. Le faisceau inférieur, qui s'attache au milieu du dos (dixième vertèbre dorsale), sert, avec le faisceau moyen, à abaisser l'épaule et à la stabiliser.

Les sterno-cléido-mastoïdiens *constituent un point de repère essentiel lorsqu'il s'agit de vérifier la position de la tête au moment de l'étirement axial (quand la tête est dans le bon axe, ils forment un V à la base du cou).*

LES MUSCLES SEMI-SUPERFICIELS

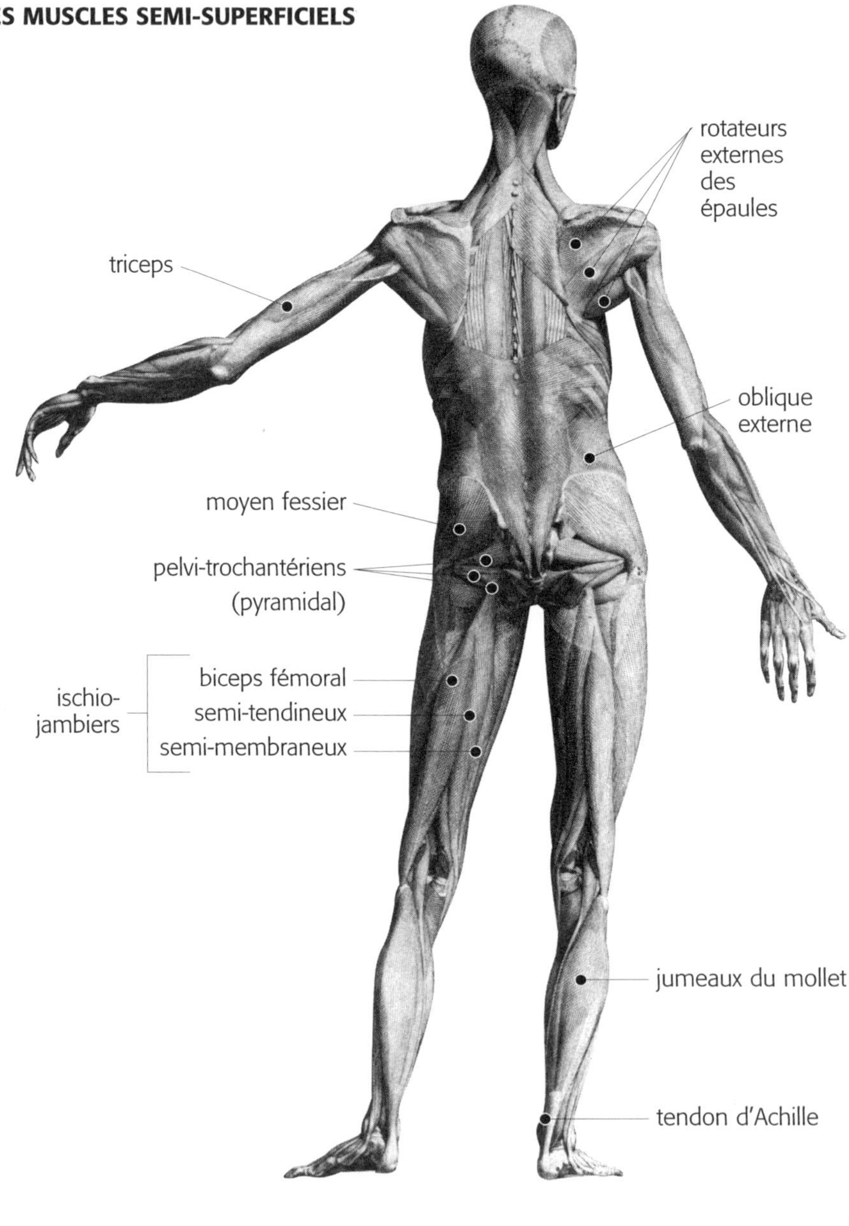

La faiblesse des faisceaux inférieur et moyen entraîne une surcharge dans le trapèze supérieur, qui se contracte alors, au point parfois de limiter les mouvements de la tête et des bras, et de causer des sensations de torticolis et des maux de tête.

- Le *grand dorsal* : il participe à l'extension du tronc et aux mouvements du bras.
- Le *pectoral* : il permet d'amener le bras devant soi et, en association avec le grand dorsal, de l'élever sur le côté. Bien tonifié, il assure l'ouverture du haut de la poitrine et offre un support important à l'équilibre de la tête. (Les pectoraux sont très apparents chez les hommes musclés.)
- Le *grand dentelé* : il joue un rôle très important dans les mouvements avant du bras, comme pour pousser ou tirer ; il s'attache sur les huit premières côtes et sur la pointe inférieure de l'omoplate. Si son tonus est bon, il contribue à stabiliser l'omoplate et à supporter le poids des bras tenus levés.
- Les *rhomboïdes* : situés entre les omoplates, ils servent à les rapprocher (comme lorsqu'on veut enfiler la deuxième manche d'une veste).
- Les *rotateurs de l'épaule* partent du dessus, de la face interne et de la face externe de l'omoplate pour s'attacher à l'humérus. Ce sont des muscles courts qui complètent l'action des rhomboïdes dans les mouvements des bras vers l'arrière.

Les lignes de force de l'ossature et l'orientation de la musculature de la ceinture scapulaire permettent à la tête de reposer sur un socle solide, et aux bras de pouvoir bouger avec force et liberté. Quant aux ligaments des épaules, ils contrôlent l'amplitude des mouvements et retiennent les bras dans leur articulation.

Les personnes qui travaillent avec les bras levés (les coiffeurs, par exemple) ont besoin de grands dentelés *et de* trapèzes inférieurs *très toniques pour que tout l'effort ne dépende pas des trapèzes supérieurs.*

Des rhomboïdes *bien tonifiés remplissent le creux entre les omoplates et donnent à la musculature du dos une belle uniformité. Lorsqu'il y a faiblesse des* rhomboïdes, *on ressent souvent un point derrière l'omoplate et une tension dans le haut du dos.*

LES MUSCLES SUPERFICIELS

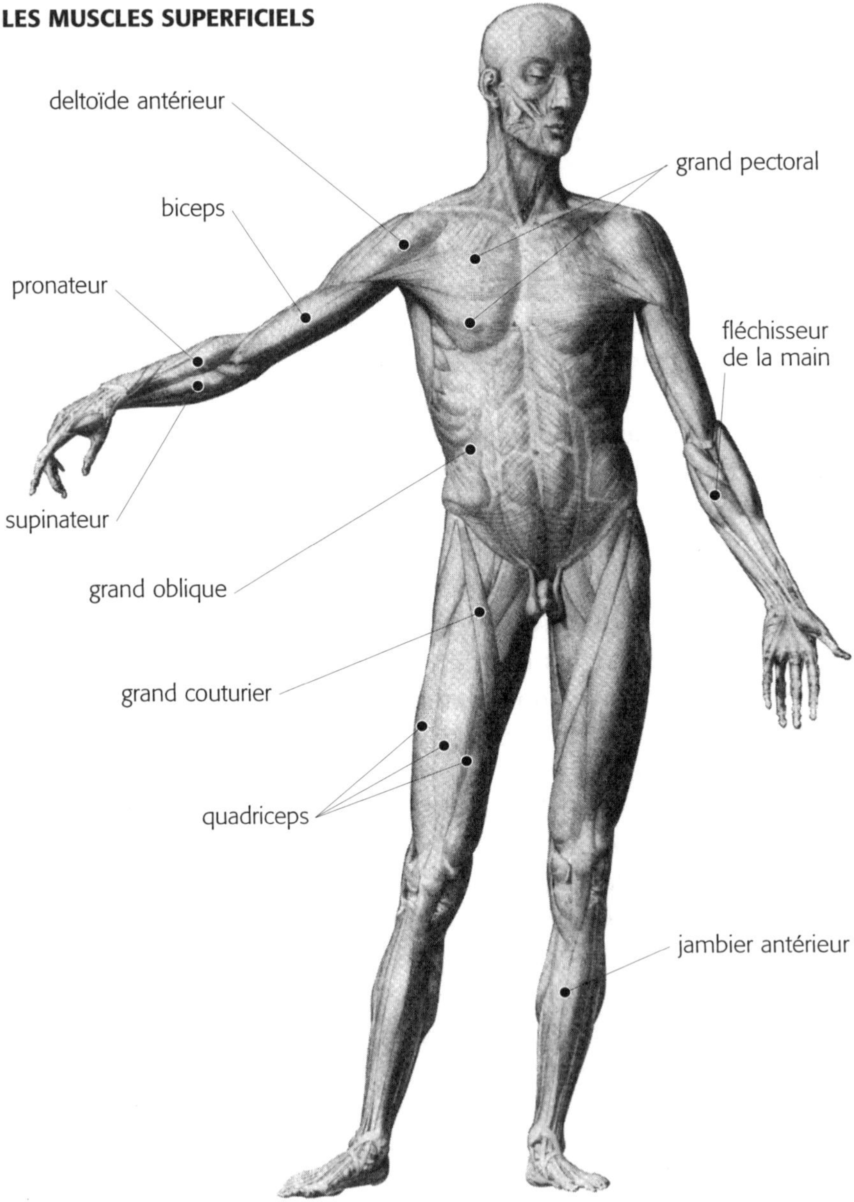

Les membres supérieurs

Nous l'avons vu plus haut, la tête de l'humérus, os du bras proprement dit, s'articule avec la clavicule et l'omoplate pour former l'épaule. À leur tour, les os de l'avant-bras, *cubitus* et *radius,* se joignent à l'humérus pour constituer le coude, et au *carpe* (une double rangée de huit petits os) pour former le poignet ; les cinq os de la main, ou *métacarpe,* s'articulent ensuite avec celui-ci, d'une part, et avec les phalanges des doigts, d'autre part.

Les rotateurs se blessent facilement dans des sports comme le tennis ou le baseball, ainsi qu'aux appareils de musculation. Une telle blessure limite considérablement les mouvements du bras.

- Le *biceps* se divise à son extrémité supérieure en deux faisceaux, dont l'un prend appui à la tête de l'humérus, et l'autre, à l'apophyse antérieure de l'omoplate ; sa partie inférieure s'attache au radius et au cubitus, à l'intérieur du coude. Il intervient non seulement dans la flexion de l'avant-bras sur le bras, mais aussi dans sa rotation, interne aussi bien qu'externe.
- Le *deltoïde,* qui unit la ceinture scapulaire à la face externe de l'humérus, couvre la partie externe de l'épaule ; par ses faisceaux antérieurs, il porte le bras vers l'avant et en dedans, et par ses faisceaux postérieurs, vers l'arrière et en dehors.
- Le *triceps,* qui occupe la partie postérieure du bras, s'étend le long de l'humérus jusqu'à l'*olécrâne,* cette apophyse du cubitus qui forme la saillie du coude. Extenseur de l'avant-bras, il sert aussi de régulateur dans tous ses mouvements.

L'avant-bras comprend, entre autres, des *supinateurs* et des *pronateurs,* qui font respectivement tourner le pouce vers l'extérieur et vers l'intérieur, ainsi que des

LES MUSCLES SUPERFICIELS

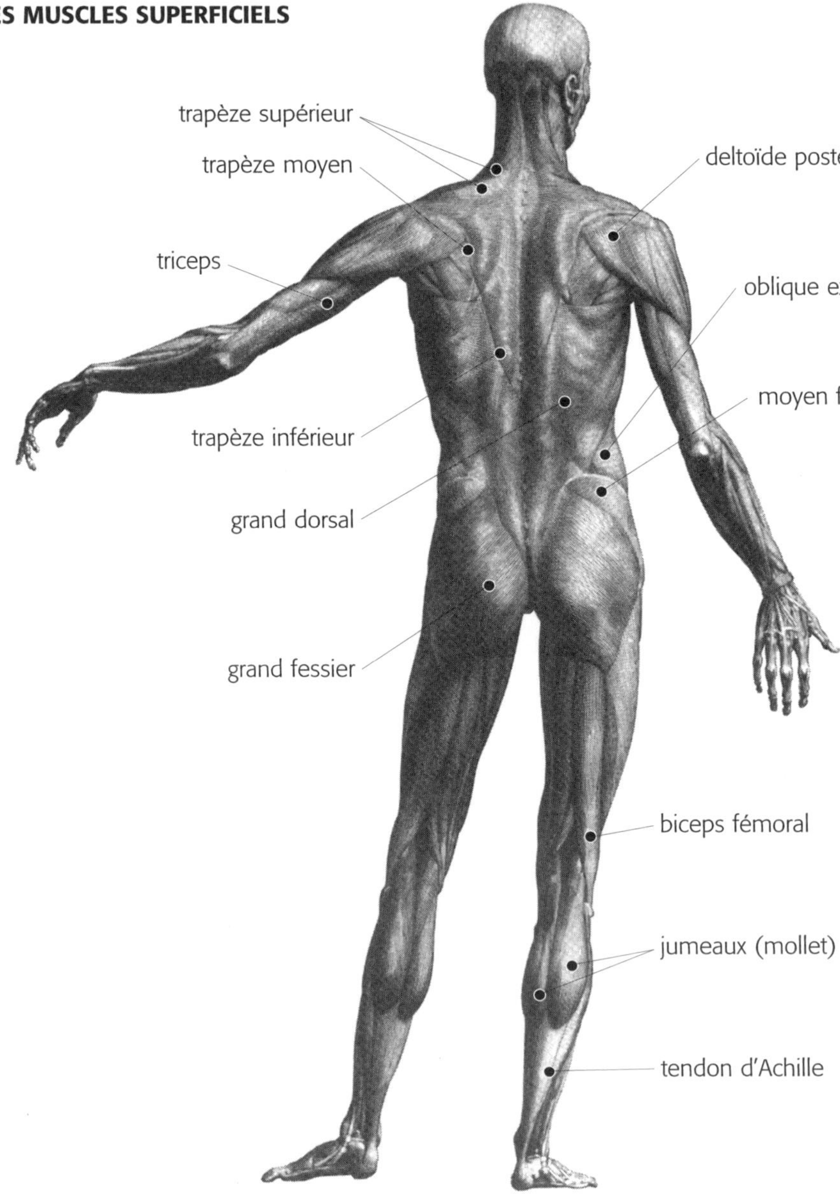

fléchisseurs (la paume vers le creux du coude) et des *extenseurs* (le dos de la main vers le coude).

À l'ordinateur, les muscles fléchisseurs *de la main sont extrêmement sollicités, alors que les* extenseurs *le sont peu, d'où un déséquilibre de tension.*

La cage thoracique

La cage thoracique et le sternum servent de bouclier au cœur et aux poumons. Mais ils abritent aussi des muscles indispensables à la respiration :

- Le *diaphragme,* large et mince cloison entre la cage thoracique et l'abdomen, est le principal muscle de la respiration. En effet, les poumons ne sont pas des muscles ; pour qu'ils se remplissent d'air, ils ont besoin de l'action du diaphragme et des intercostaux.
- Les *muscles intercostaux,* pour leur part, relient les côtes entre elles afin de soulever et d'abaisser la cage thoracique au cours de la respiration.

L'abdomen

Situé entre la cage thoracique et le bassin, l'abdomen contient les organes du système digestif. Il ne comporte aucun os, mis à part les vertèbres lombaires. Mais il est retenu et protégé par des muscles forts et résistants, les *abdominaux*.

- Le *grand droit de l'abdomen* descend verticalement de la pointe inférieure du sternum jusqu'au pubis ; il comprend des intersections tendineuses qui apparaissent comme des rainures transversales lors de la contraction. Avec le transverse, il contribue à rentrer le ventre dans l'expiration et dans l'effort. (On le sent très bien se contracter lorsqu'on fait des redressements assis, des *crunchs.*)

Lorsqu'on a mal au dos, on respire souvent avec difficulté. Sans une bonne articulation intervertébrale, la respiration est restreinte et parfois douloureuse.

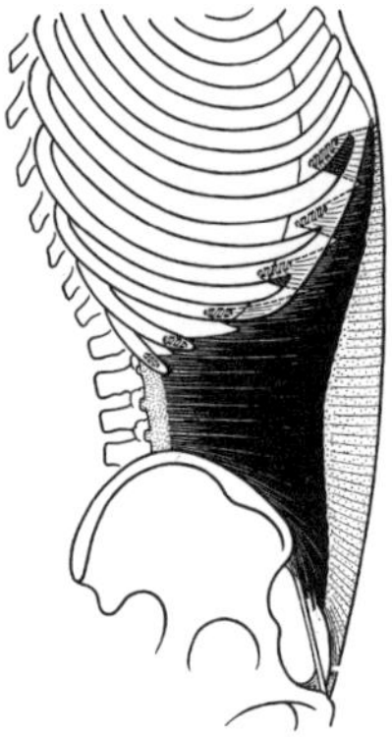

En noir : le transverse de l'abdomen.

On sent très bien le transverse *quand on rentre le ventre, ou encore quand on tousse.*

- Le *transverse* enserre l'abdomen, comme un corset, du sternum et du pubis (à l'avant) jusqu'aux vertèbres lombaires (à l'arrière). Très actif dans l'expiration, il permet de rentrer le ventre. Il contribue aussi au soutien de la colonne lombaire quand on a à pousser, à tirer ou à soulever un objet lourd.
- Le *grand* et le *petit oblique* ont pour tâche de faire tourner et incliner le tronc, mais ils sont aussi d'un grand secours quand il s'agit de s'asseoir à partir de la position allongée ! Le petit oblique part des quatre dernières côtes, à l'arrière, descend vers le bassin en longeant la hanche, et s'attache au pubis. Le grand oblique s'insère à l'avant sur les sept dernières côtes et descend jusqu'à la hanche. Les fibres du petit et du grand oblique travaillent en direction croisée.
- Le *carré des lombes* descend des dernières côtes vers la crête iliaque ; il est responsable du mouvement d'inclinaison du corps sur les côtés et concourt grandement à la qualité du maintien.
- Le *psoas,* un des principaux muscles du tronc, de l'abdomen et de la hanche, descend de la douzième vertèbre dorsale, le long des vertèbres lombaires, et s'attache au petit trochanter du fémur. Il entre en action quand on penche le tronc vers l'avant, ou quand on lève la cuisse vers soi.

La contraction excessive chronique du psoas entraîne des déformations posturales du bas du dos.

La ceinture pelvienne

On appelle ainsi l'ensemble que constituent les deux *os iliaques* avec les muscles et les ligaments qui les rattachent à la colonne vertébrale, d'une part, et aux membres inférieurs, d'autre part. Chacun de ces deux os comporte trois segments : un segment latéral, dont la crête (dite iliaque) constitue le dessus de la hanche, un segment postérieur, ou ischion, dont la partie inférieure se termine en pointe, et un segment antérieur qui les unit, appelé pubis ; sur sa face extérieure, se trouve une cavité qui reçoit la tête du *fémur*, formant ainsi l'articulation de la *hanche*.

Le bassin renferme les organes de reproduction et le système urinaire, et sert de soutien à tous les viscères que renferme l'abdomen. (C'est à ce niveau, un peu plus bas que le nombril, que se situe le centre de gravité du corps humain.) Cette structure est fermée à sa base (*plancher pelvien*) par de nombreux petits muscles qu'il importe de tonifier afin de prévenir la descente d'organes. Les autres muscles de la ceinture pelvienne sont :

- Les muscles *pelvi-trochantériens*, au niveau des fesses, qui relient le sacrum et les os iliaques au grand trochanter du fémur.
- Le *grand fessier* : le plus volumineux et le plus puissant des muscles du corps, il recouvre tous les autres muscles de la fesse. Les faisceaux qui le constituent s'étendent de l'os iliaque et du sacrum à l'extrémité supérieure du fémur.
- Le *tenseur du fascia lata* est un muscle allongé et aplati ; charnu au niveau du bassin, il devient tendineux à partir du haut de la cuisse jusqu'au tibia. Il agit principalement sur la stabilité du bassin et contribue aux mouvements antérieurs et postérieurs de la jambe.

Lorsqu'on est assis, on sent très bien, sous les fesses, la pointe osseuse des ischions.

Lorsque les pelvi-trochantériens *sont hypertoniques, la mobilité du bassin et du bas du dos s'en trouve restreinte, ce qui engendre souvent des tensions importantes dans cette région et dans les cuisses. Lorsqu'ils manquent de tonus, les ligaments sacro-iliaques subissent un stress important et le bas du dos se déplace trop facilement.*

Les membres inférieurs

- Le *fémur* est, en volume, l'os le plus important du corps humain. Sous son extrémité supérieure, appelée

On sent la pointe osseuse du grand trochanter, *dans le haut de la cuisse, lorsqu'on est couché sur le côté sur une surface dure.*

Si les abducteurs *et les* adducteurs *sont trop faibles ou trop tendus, il se produit à la longue un relâchement dans l'alignement des genoux, qui se répercute tôt ou tard sur celui des chevilles.*

Lorsqu'on se tient debout, les mollets sont constamment en contraction, ce qui entraîne, chez ceux qui travaillent régulièrement dans cette posture, une réduction notable de leur élasticité.

tête à cause de sa forme arrondie, se trouve un rétrécissement, ou *col,* qui réunit cette dernière au *grand* et au *petit trochanter,* deux saillies situées l'une à l'extérieur et l'autre à l'intérieur de la cuisse.

- Les *adducteurs* assurent le mouvement de la cuisse vers l'intérieur (rapprochement), et les *abducteurs*, vers l'extérieur (éloignement). Les premiers, fixés sur le pubis, s'étendent sur la partie interne du fémur jusqu'au tibia ; les seconds partent de la partie externe de la hanche, longent le fémur et s'attachent au tibia. Ces deux groupes musculaires, qui travaillent en tandem, participent à tous les mouvements de la cuisse et contribuent largement à la stabilité du bassin, surtout dans la marche et la pratique sportive.
- Les *ischio-jambiers* partent des ischions et viennent s'attacher au tibia et au péroné ; situés à l'arrière de la cuisse, ils sont responsables du mouvement arrière de celle-ci, mais aussi de la station debout. Comme ils font partie de la chaîne musculaire postérieure, leur rigidité risque d'entraîner des déformations posturales au bas du dos.

À sa partie inférieure, le fémur s'articule avec le *tibia* et la *rotule* pour former le genou. Quant aux os de la jambe, tibia et péroné, ils s'articulent entre eux à leurs deux extrémités. La cheville, pour sa part, est formée de la rencontre du tibia, du péroné et des sept os du *tarse*; le *calcanéum,* ou os du talon, s'articule également avec la cheville.

- Le *mollet* est constitué d'une masse musculaire importante, le *triceps sural,* qui réunit le *soléaire* et les *jumeaux interne et externe*; le premier s'attache aux os de la jambe, les deux autres, à l'extrémité du fémur. Ils descendent à l'arrière de la jambe et s'insèrent sur le calcanéum par un tendon commun, le tendon d'Achille.

Nous voici maintenant rendus à la base, les pieds... On les oublierait presque... Pourtant, la tâche qu'on leur demande d'accomplir étant inversement proportionnelle à la taille de leurs composantes, ils méritent, me semble-t-il, toute notre attention, voire notre respect !

LA BASE: LES PIEDS

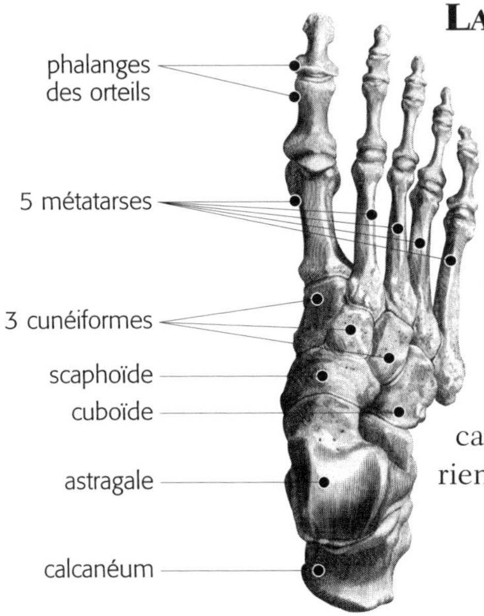

On n'a que peu d'égards pour eux: *bête comme ses pieds, les pieds dans les plats, les deux pieds dans la même bottine*... C'est pourtant grâce à eux que nous prenons contact avec la Terre, dans tous les sens du terme! C'est sur eux que nous reposons... en toute confiance: 50, 60, 70 kilogrammes supportés par quelques centimètres carrés, ce n'est pas rien.

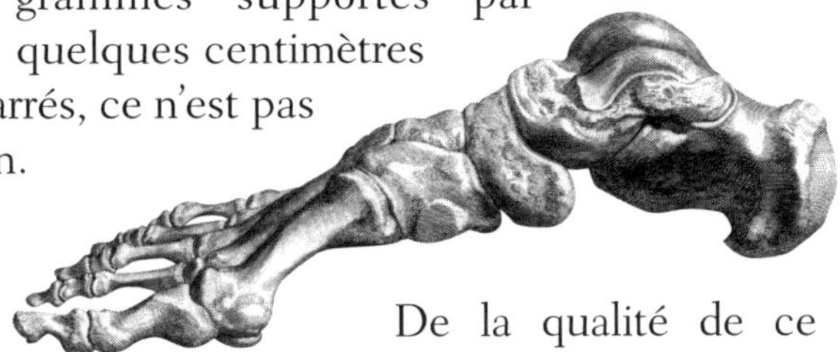

De la qualité de ce socle dépend l'équilibre de tout l'édifice. Un minuscule caillou sous la plante du pied, et voilà que tous les nerfs sont à vif, que tous les muscles se crispent pour compenser. La plante du pied est, en effet, hautement innervée et ressent finement la texture du sol.

Le fonctionnement

Le pied est composé de multiples os dont les articulations permettent d'exécuter des mouvements de toutes sortes: marcher, courir, sauter, danser, faire des pointes, skier, patiner. Ces os se nomment *calcanéum, astragale, scaphoïde, cuboïde* et *cunéïformes* (au nombre de trois) qui, tous ensemble, forment le *tarse,* et auxquels se rattachent les cinq os du *métatarse,* qui s'articulent avec les *phalanges* des orteils.

Le pied ne possède pas qu'une arche plantaire mais bien trois: une longitudinale, du talon vers les orteils, une première transversale sous le tarse, et une deuxième sous le métatarse (de l'articulation du gros orteil à l'articulation du petit).
Les points d'appui du pied sont le gros orteil, le petit orteil et l'arrière du talon: le poids corporel est alors bien réparti. Toutefois, certaines personnes se portent davantage sur les talons, d'autres, plutôt sur les orteils, au détriment de l'équilibre de l'ensemble de la structure.

Les déformations osseuses du pied sont relativement fréquentes et nécessitent parfois de coûteuses interventions. La plus fréquente est l'*halus valgus* (appelé couramment «oignon»), une déformation de l'articulation du gros orteil. Cette articulation est particulièrement vulnérable lorsque le point d'appui au sol est faussé, à cause du mauvais alignement des membres inférieurs, de la faiblesse des chaînes musculaires internes et externes des jambes, de l'embonpoint, ou encore, de chaussures trop étroites.

On voit également beaucoup d'affaissement de la voûte métatarsienne, car les pieds «vieillissent» vite, encore plus vite ceux qui manquent de force et d'entraînement. Or, cet affaissement – extrêmement douloureux et invalidant – peut être atténué par des exercices qui tonifient les petits muscles interosseux, situés entre les métatarses, de même que l'ensemble des muscles des pieds, des chevilles et même des jambes et des cuisses.

Pour le meilleur ou pour le pire, on hérite de ses pieds, comme de son nez et de ses oreilles...Contrairement à ces organes, toutefois, les pieds sont très sollicités mécaniquement; leur bien-être et leur apparence

Un pied devant l'autre

Le premier élément à se poser sur le sol, c'est le talon, suivi graduellement par l'extérieur du pied jusqu'au petit orteil; le pied fait alors un mouvement vers l'intérieur pour déposer le gros orteil. Ensuite, les métatarses et les orteils, repoussant le sol, soulèvent le corps et le propulsent vers l'avant, pendant que l'autre talon se pose à son tour sur le sol. Dans la course, ce mouvement est amplifié.

dépendent donc de la force de leurs muscles ainsi que de la posture quotidienne qu'on leur impose.

Les muscles puissants de la jambe gèrent les déplacements de l'ensemble du pied : ramener le dessus du pied vers soi (position « flex »), pointer les orteils vers le bas, tourner le pied vers l'extérieur et vers l'intérieur, etc. D'autres muscles plus fins en coordonnent tous les petits mouvements, en fonction du dénivellement du sol, des irrégularités de sa surface et de la vitesse du déplacement. Ils agissent aussi sur les nombreuses articulations du pied afin d'assurer l'équilibre nécessaire à la station debout.

Les chaussures

Un bébé, vous l'avez sans doute remarqué, possède de beaux petits petons aussi dodus dessous que dessus ; les arches se développent au fur et à mesure qu'il grandit et apprend à marcher. Lorsque les courbures vertébrales se stabilisent, les arches forment une voûte complète. Il est donc primordial que, tout au long de sa croissance (et après !), ses chaussures lui apportent le support adéquat, tout en laissant place à une certaine mobilité.

Les souliers pour enfants sont coûteux, mais moins que bien des jouets. Des souliers de bonne qualité sont de première importance. Le parent qui a l'intention de faire porter des chaussures usagées à son enfant doit s'assurer que celles-ci ne sont pas déformées.

Très longtemps, les humains ont marché pieds nus, sur le sable, la terre battue ou les sentiers de forêt ; puis, lors de leurs migrations vers les régions froides, ils ont dû apprendre à se munir de couvre-pieds. De nos jours, les revêtements de sol rigides et les chaussures à la mode altèrent quelque peu le fonctionnement du pied...

Une brève analyse des danses folkloriques illustre bien à quel point le type de chaussures peut influencer la démarche et la souplesse d'un individu. Les danses bretonnes, par exemple, traditionnellement pratiquées avec des sabots, sont faites de pas assez rudimentaires, plus remarquables pour leur vitalité que pour leur finesse. Les Écossais, par contre, se sont toujours chaussés de cuir fin, lacé jusqu'au mollet, pour accomplir les époustouflants jeux de pieds qui caractérisent leurs gigues et leurs danses d'épée. Il fut un temps, d'ailleurs, où l'armée celte accordait à ses guerriers un grade plus ou moins élevé selon leur agilité à la danse[1].

La pratique de la danse chez les peuples guerriers est très répandue – notamment en Afrique, en Océanie et en Amérique – puisque c'est grâce à leur souplesse et à une bonne coordination que les hommes arrivent à courir, à contourner, à esquiver, à déjouer... Malheureusement, la pratique de la guerre se poursuit, alors que l'*intelligence* des pieds n'a plus sa place dans les mouvements débridés de la danse populaire contemporaine (heureusement, il y a toujours le tango).

Pour en revenir à nos sabots, disons tout de suite qu'ils ne sont pas moins « bons » que les bottes de cuir fin : ils présentent simplement des caractéristiques différentes, adéquates pour des situations données. Les vrais sabots, de même que diverses sandales à semelle de bois, ne sont pas lacés sur le pied et permettent à celui-ci de s'en détacher à chaque pas, les orteils pouvant alors jouer leur rôle de préhension (ils se recroquevillent pour agripper la semelle à chaque mouvement vers l'avant). Le mouvement naturel de la marche se déroule donc normalement.

Les souliers à semelles compensées (alors appelés *cothurnes*) rendaient de fiers services aux comédiens de

Règles pour le choix des chaussures

- *Elles doivent convenir à l'activité du moment.*
- *Elles doivent être de la bonne pointure et de la bonne largeur (ne vous racontez pas d'histoires...).*
- *La position de l'arche de la chaussure et celle de votre pied doivent coïncider (nous ne sommes pas tous faits sur le même modèle).*

l'Antiquité grecque – plutôt statiques dans leur jeu : ils acquéraient ainsi une stature digne de leur rôle et, de plus, ils étaient mieux vus des spectateurs. C'est une tout autre affaire de se promener en ville sur des plates-formes de 5 ou 6 centimètres... Il est alors impossible d'espérer un bon *amortissement articulaire,* car toute semelle complètement rigide bloque les mouvements naturels de la cheville, du tarse et des orteils. Conséquemment, le pied se pose par à-coups, créant ainsi une secousse qui se répercute jusqu'à l'occiput ; le mouvement ondulatoire de la colonne, qui se fait normalement sur trois plans (de l'avant à l'arrière, de côté et en torsion) se transforme exclusivement en balancement latéral. De plus, les articulations de la hanche effectuent des mouvements pour lesquels elles ne sont pas conçues, encaissant de ce fait des pressions indues.

Quant aux souliers à talons aiguilles, non seulement ils entravent le déroulement normal du pied sur le sol, mais ils gênent aussi l'équilibre. De plus, contrairement aux chaussures à talons trop bas, qui projettent le corps vers l'arrière et entraînent des tensions inutiles dans l'avant des cuisses et les psoas, les talons trop hauts le projettent vers l'avant, entraînant une exagération de la courbure lombaire, et un rétrécissement des muscles ischios-jambiers et des mollets. Il faut donc en limiter l'usage.

Mais les chaussures les plus répandues en Occident à l'heure actuelle sont les Nike, Reebok et autres Adidas ; elles conviennent probablement à la pratique des sports d'impact, mais elles gênent la mobilité des muscles fins du pied, nécessaires à la plupart de ses mouvements habituels.

On a peu conscience de la musculature du pied parce qu'elle est fine et délicate ; pourtant, elle existe !

S'il existe une si grande variété de chaussures, c'est que l'activité humaine se déroule dans toutes sortes de contextes, sous toutes sortes de climats. Les sandales sont parfaites pour une après-midi à la plage, et les bottes hydrofuges, pour les déplacements dans les champs imbibés d'eau ou sur les trottoirs couverts de neige fondante. L'important est de les choisir selon sa morphologie et de les varier en fonction du type d'activité.

De surcroît, elles doivent être confortables dès qu'on les chausse, au magasin. Ne croyez surtout pas qu'elles finiront par s'adapter à vos pieds ; il y a même un fort risque que ce soit le contraire...

Des pieds musclés... ou nickelés

Généralement, on commence à s'occuper de ses pieds à partir du moment où ils nous jouent des tours – ce qui semble se produire de plus en plus tôt. En cette ère du *high-tech,* les pieds, semble-t-il, n'ont pas suivi, mésadaptés qu'ils sont à leurs nouvelles fonctions, mal dans leurs godasses, oserais-je dire...

Les diverses affections des pieds sont tout aussi héréditaires que leurs malformations. Vos parents souffrent-ils d'*halus valgus,* ou d'ongles incarnés, ou d'orteils qui se chevauchent ? Ont-ils tendance à avoir des ampoules ou des cors (causés par une hypersensibilité de la peau) ? Vous risquez de connaître les mêmes problèmes, MAIS une intervention hâtive peut en diminuer les méfaits et parfois même les éviter.

Dans certains cas, la musculature du pied doit être renforcée ; le problème des orteils recroquevillés, notamment, apparaît très tôt et peut être enrayé par des massages et des exercices fort simples. Les chevilles faibles ou tombantes, ou des voûtes plantaires affaissées, se corrigent à l'aide d'exercices soutenus. Évidemment, la structure osseuse ne peut pas être modifiée, mais un tonus musculaire adéquat favorisera un meilleur rendement musculo-squelettique. (Voir la section Pratiques quotidiennes, plus bas.)

Quels que soient votre âge et le degré de détérioration de vos extrémités, sachez qu'il existe des moyens d'atténuer les maux qui en résultent. En effet, non seulement on *peut,* mais on *doit* faire beaucoup pour ses pieds, si l'on veut que les articulations des chevilles, des genoux, des hanches, de la colonne vertébrale et même des épaules et du cou retrouvent un équilibre harmonieux.

Observez vos pieds : sont-ils déformés, avec les orteils tordus ou recroquevillés ? Les chevilles tombent-elles vers l'intérieur ? Les tendons du métatarse sont-ils apparents ? Y a-t-il de la corne sous leur plante ? Usez-vous les talons de vos chaussures sur l'intérieur, ou l'extérieur ? Les arches plantaires sont-elles affaissées ? C'est le temps d'y voir !

PRATIQUES QUOTIDIENNES

Pour la santé des pieds[2]

- Recroqueviller les orteils en contractant les muscles sous les pieds puis, tout en gardant la contraction, renverser les chevilles vers l'extérieur. Tenir 3 secondes. Ramener les chevilles l'une contre l'autre, puis relâcher. Répéter 3 fois.
- Les deux pieds bien à plat sur le sol, collés l'un à l'autre, soulever les orteils vers le haut, tout en gardant les métatarses bien collé au sol. Les orteils devraient tous s'élever, bien distincts les uns des autres. Répéter aussi souvent que possible.
- À genoux, les deux jambes bien collées et les pieds pointés, s'asseoir sur les talons. Vous devriez pouvoir garder cette position pendant plusieurs minutes, sans crampe sous le pied ni douleur dans le cou-de-pied (le dessus).
- Retrousser les orteils et s'asseoir sur les talons. Vous sentirez un étirement sous l'arche du pied. (Si vous ressentez une grande douleur aux métatarses, relâchez la position.)
- Assis sur une chaise, allonger une jambe et exécuter plusieurs mouvements circulaires à la cheville, dans les deux sens ; il ne devrait en résulter ni craquement ni crampe. Répéter avec l'autre cheville.
- Debout, monter et descendre sur la pointe des pieds.

RÉFÉRENCES

1. Joan Lawson, *European Folk Dance,* Londres, Imperial Society of Teachers of Dancing, 1955.
2. Thérèse Cadrin Petit, *La méthode de Gymnastique sur table TCP* (manuel du professeur), Montréal, 1989.

Livres d'anatomie

C. Chabrol, *Anatomie 1 - Appareil locomoteur,* Paris, Flammarion, 1978.

I.A. Kapengi, *Physiologie articulaire* (tomes 1, 2 et 3), Maloine Éditeur, 1975.

Blandine Calais-Germain, *Anatomie pour le mouvement* (tome 1 : Introduction à l'analyse des techniques corporelles), Édition Desiris, 1991.

CHAPITRE **3**

La posture juste

Le pivot : la colonne vertébrale

- *L'étirement axial*
- *Précisions sur les maux de dos*
- *Les alignements*

La posture juste – debout

- *La tête et les épaules*
- *L'abdomen et le bassin*
- *Les sensations de la posture juste*

La posture juste – assise

- *Ah ! ces chaises...*
- *Et ces jambes croisées...*

La posture juste – allongée

- *Un mouton, deux moutons, trois...*

La posture juste – en mouvement

- *La marche et la course*
- *Attention : poids lourd !*
- *Attention : poids léger !*

Pratiques quotidiennes

- *L'entraînement postural*
- *Le circuit de vérification*
- *Exercices de rééquilibration*
- *Série d'exercices pour soulager les tensions et les maux reliés au travail à l'ordinateur*

Disons-le tout de suite : une bonne posture n'est *pas* une question de bienséance. Un port altier ou un dos raide ne dénotent pas nécessairement une bonne tenue ; au contraire, ceux dont on dit qu'ils ont « avalé un parapluie » sont souvent très crispés, très tendus ; or, ce qu'on recherche dans une posture juste, c'est le maximum de soutien, mais dans la détente, pour toutes les composantes de l'organisme et en toutes circonstances.

S'il est si important d'adopter ce qu'on appelle une posture juste, c'est d'abord afin de permettre aux muscles, organes et différents systèmes vitaux de recevoir au mieux le sang et l'influx nerveux dont ils ont besoin pour fonctionner de façon optimale. C'est aussi parce que plusieurs des malaises d'un corps « malheureux » (dont une grande partie des maux de dos) trouvent leur origine dans une mauvaise posture ; et enfin, parce que, selon les chercheurs, c'est un « paramètre fondamental » de la bonne forme physique *(fitness)*[1].

Quelle que soit l'activité – manger, courir, lire, laver la vaisselle, attendre l'autobus, se brosser les dents –, le corps, soumis à la pesanteur, doit constamment lutter pour garder ses éléments structurels interactifs. Son immobilité n'est jamais qu'apparente, car même alors le cœur bat, le sang circule, les poumons se gonflent, les muscles se tendent...

La posture juste est un état harmonieux d'équilibre des tensions musculaires et des alignements de la structure osseuse.

La minute d'observation

Au cours de vos activités quotidiennes, comment les tensions de votre corps sont-elles réparties? Est-ce que vos côtes touchent vos hanches quand vous êtes assis? Est-ce que vous avez la tête complètement rentrée dans les épaules quand vous roulez à vélo? Est-ce que le haut de votre corps s'incline du côté du sac quand vous revenez de l'épicerie? Est-ce que vous vous tenez toujours sur une jambe à l'arrêt d'autobus?

Comme notre attitude corporelle nous est propre – en effet, on reconnaît facilement quelqu'un à sa silhouette –, on pourrait arguer que la posture est un « état de fait ». Mais, contrairement aux empreintes digitales, cette caractéristique n'a rien d'immuable. Au départ, elle est le résultat des habitudes acquises durant la croissance (comme le fait d'adopter inconsciemment la posture d'un parent), du tonus musculaire profond de la colonne vertébrale, de la conscience que nous avons de notre corps, des jeux et des sports que nous pratiquons, des petites chutes de l'enfance ou d'accidents plus sérieux, de la façon dont nous tenons notre sac à main (le téléphone, le volant de la voiture, etc.) et, plus ponctuellement, de la fatigue ainsi que de l'état émotif ou psychologique dans lequel nous nous trouvons.

« Tiens-toi droit ! » Cette consigne, assenée *ad nauseam* aux enfants, fait pourtant référence à une notion, la ligne droite, que le corps ne connaît pas ; de plus, elle n'est mise en vigueur qu'en certaines circonstances, à table ou au salon surtout. Car la posture est une chose que l'on critique souvent, mais que rarement on valorise...

Par contre, il ne faudrait pas penser qu'une mauvaise tenue n'est l'apanage que des « paresseux » ou des lymphatiques... celle des sportifs, par exemple, laissant très souvent à désirer. Le sport est certes une activité stimulante et fortifiante, mais ne contribue en rien à la qualité du maintien. Par ailleurs, aucune posture n'est, *en soi,* dangereuse pour le corps, en tout ou en partie ; si tel était le cas, la danse, le jeu, le sport, le yoga et certains métiers le mettraient souvent à rude épreuve ! Les problèmes n'apparaissent que lorsqu'une mauvaise posture est maintenue trop longtemps sans retour à l'équilibre des tensions.

Le pivot : la colonne vertébrale

À tout seigneur tout honneur : la posture s'organise à partir de la colonne vertébrale, qui est le pivot central du corps, sa « ligne de force ». Or, on sait que celle des personnes âgées a tendance à s'affaisser, d'abord, parce qu'il y a affaiblissement des muscles spinaux, mais aussi usure des disques et déformation des vertèbres. Même chez certaines personnes relativement jeunes – bien que les vertèbres n'aient pas encore connu de dégénérescence notable –, j'observe un certain tassement, provoqué par le manque de tonus des muscles de la colonne.

Au plus profond de la région postérieure du tronc, se trouve un ensemble de muscles, dits spinaux, tous extenseurs de la colonne et donc, indispensables à son soutien ; tous les autres muscles dorsaux interviennent, bien sûr, à cet effet. Cependant, on oublie trop souvent que les abdominaux y contribuent aussi grandement : car, si ces derniers sont trop relâchés, le tronc bascule vers l'arrière, ce qui accentue la lordose lombaire. C'est pourquoi tout programme de tonification établi en vue de soulager un mal de dos doit comprendre des exercices abdominaux appropriés (voir la section Pratiques quotidiennes, à la fin de ce chapitre).

Étonnamment, on se préoccupe de l'état du système cardio-vasculaire, du côlon, du foie même, mais rarement de celui de la colonne vertébrale. Comme s'il ne s'agissait que d'une sorte de tuteur entre la nuque et le bassin. Dans le processus de conscience du corps, il faut cesser de se voir en deux dimensions : notre tronc est un volume, dont la colonne occupe un espace important en tant que pivot central. Elle est « faite forte », mais elle peut craquer en un rien de temps !

L'étirement axial

Lorsque les muscles spinaux sont relâchés, la colonne s'affaisse sur elle-même ; leur rôle est donc de lui assurer l'*étirement axial* maximum, afin de donner à chaque « étage vertébral » l'espace nécessaire à son fonctionnement. Sinon, les disques intervertébraux sont comprimés,

La tête dans les épaules

Quand vous roulez à vélo, remarquez comment votre tête a tendance à rentrer dans les épaules. Procédez à un étirement axial et voyez comment la tête se hisse de plusieurs centimètres, pendant que tout votre dos se réorganise et que la région lombaire se détend.

de même que les nerfs, les artères et les veines qui émergent des trous de conjugaison.

L'étirement axial est une *action volontaire* qui ne demande que peu d'efforts, à condition que les muscles spinaux soient bien entraînés. Les danseurs et les chanteurs d'opéra, pour qui la posture est de première importance, exercent constamment ces muscles dans la pratique de leur art. Pour la majorité des gens, toutefois, cette activité musculaire est méconnue. Il ne s'agit pourtant que de s'y mettre : *de bons muscles spinaux donnent un bon étirement axial, qui donne de bons muscles spinaux, qui donnent*... la liberté de bouger.

Comme son nom l'indique, cet étirement se fait selon un axe, l'*axe vertical,* qui descend à partir du sommet du crâne et longe les corps vertébraux jusqu'au centre du bassin, à l'arrière du pubis ; au niveau lombaire, il se sépare en deux pour se diriger vers les articulations des hanches, descend le long des fémurs, puis derrière les rotules, pour atterrir au centre de la voûte plantaire de chaque pied.

L'axe sert de repère pour l'équilibre du corps, mais c'est l'*étirement* qui assure que les pièces de la structure se superposent et s'emboîtent comme il se doit, de sorte que tous les tissus (organes et viscères, mais aussi veines, artères, nerfs et muscles) puissent fonctionner sans surcharge ni pression indue. Chaque cellule du corps doit recevoir *sa* charge de gravité, sans plus.

Précisions sur les maux de dos

Il semble que les humains souffrent de maux de dos depuis la très lointaine époque où ils ont osé se dresser sur leurs pattes arrière, *afin d'avoir les mains libres!* Mais la colonne vertébrale ne possède toujours pas l'architecture voulue pour supporter un corps qui se tient à la verticale, position qui sollicite de façon démesurée la région lombaire, là où les maux se manifestent le plus souvent.

Les maux de dos se présentent surtout entre 30 et 50 ans, alors que les disques intervertébraux commencent à perdre de leur élasticité, ce qui réduit d'autant leur capacité à absorber les chocs. C'est souvent au début de la trentaine qu'on devient plus sédentaire ; puis, peu à peu, le vieillissement naturel se fait sentir, les muscles perdent de leur tonicité et remplissent moins bien leur fonction de soutien.

Cela étant dit, le dos est une structure complexe et, bien que toutes ses composantes soient bien connues, les douleurs qu'on y ressent demeurent souvent un mystère. Grâce aux techniques d'investigation telles que la radiographie ou le scanner, il est possible d'identifier certaines causes : hernie discale, arthrose, ostéoporose, etc.; mais il en est plusieurs pour lesquelles seule la description que vous en faites permet au médecin d'établir un diagnostic :

- muscles étirés,
- ligaments déchirés,
- spasmes musculaires.

Selon le Dr Michel Dupuis, physiatre et auteur de *Ce sacré mal de dos*, « la transformation des activités, au XXe siècle, vers la sédentarité pour certains, vers la répétition à outrance des mêmes gestes chez d'autres, de même que le stress de la vie moderne semblent avoir contribué à une augmentation de la fréquence des maux de dos à notre époque. Ils peuvent provenir de causes

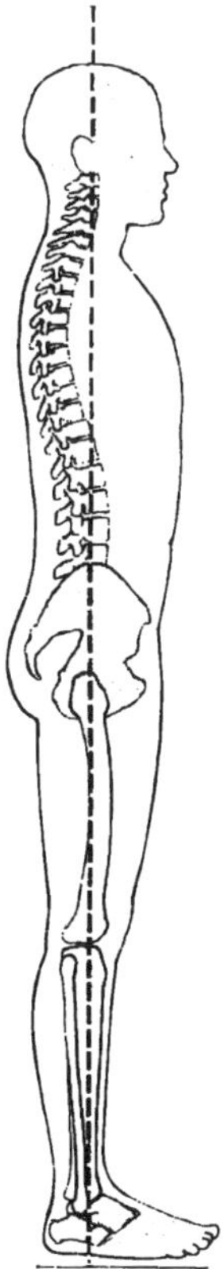

L'axe vertical

aussi simples que la mauvaise posture ou le manque d'exercice, mais peuvent aussi être la manifestation d'une pathologie beaucoup plus sérieuse. Il est donc important de consulter votre médecin pour qu'il en établisse la cause et détermine un traitement en conséquence.[2]»

La seule voie sûre est donc de prévenir ces maux par une posture adéquate et des mouvements (et donc un mode de vie raisonnablement actif) qui respectent ce que j'appelle «l'intégrité du dos», c'est-à-dire sa longueur optimale et ses courbures naturelles.

Les alignements

Le corps comporte plusieurs segments reliés entre eux par des articulations (la jambe est un segment situé entre l'articulation du genou et celle de la cheville). Si plusieurs articulations peuvent bouger dans plus d'un sens, pour leur part, les chaînes musculaires qui relient les segments et commandent leurs mouvements opèrent dans une direction unique qui détermine évidemment celle dans laquelle le mouvement doit se faire. C'est pourquoi tout mouvement accompli alors que les divers

Un exemple courant de désalignement, c'est celui des poignets à l'ordinateur : les avant-bras sont dirigés vers l'intérieur, alors que les mains doivent être perpendiculaires au clavier (d'où l'existence des claviers ergonomiques, malheureusement assez chers). L'effort demandé pendant un déplacement excessif des mains vers l'extérieur engendre des tensions de la chaîne musculaire du coude et de l'épaule.

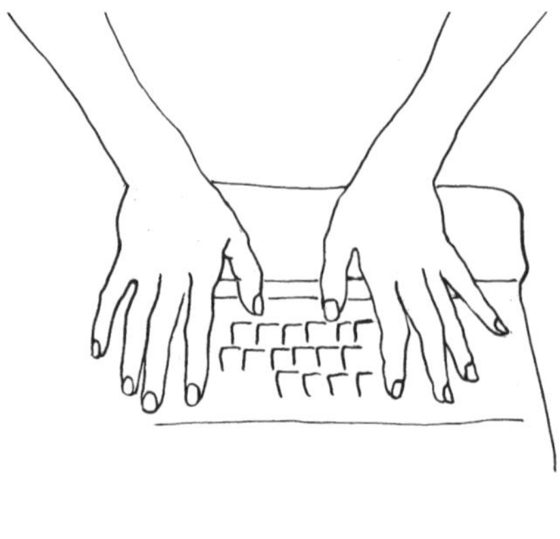

segments mis en cause ne sont pas bien alignés exerce une pression indue sur les muscles et les ligaments. De plus, le mauvais alignement de deux segments adjacents l'un par rapport à l'autre affecte l'articulation qui les relie.

Pour que l'« effort de levier » musculaire soit efficace, les tractions doivent toujours s'effectuer dans l'axe du membre ; c'est une loi de la biomécanique.

Si les muscles des cuisses et du bassin sont faibles, ils seront incapables de tenir le genou bien aligné avec le tibia au cours d'un mouvement à forte flexion (descendre un escalier, pédaler à vélo). Il y aura alors compression de certains tissus et apparition graduelle de douleurs dans les genoux.

Si les mauvais alignements sont parfois cause de foulures et d'entorses, ils sont beaucoup plus souvent responsables d'irritations légères, qui iront en s'aggravant pour devenir douleurs chroniques. C'est ce qui se produit, par exemple, quand on marche les pieds dirigés vers l'extérieur ou l'intérieur, qu'on soulève un objet à bout de bras avec le coude bloqué ou que, en vélo, on pédale les genoux vers l'intérieur.

Le désalignement graduel des jambes est d'ailleurs un phénomène assez courant : les genoux sont alors tournés vers l'intérieur, jusqu'à se toucher parfois. On attribue ce problème à la faiblesse des chaînes musculaires du bassin et des membres inférieurs, mais surtout à l'excès de poids.

En randonnée de montagne, la plupart des entorses aux chevilles et aux genoux se produisent dans la descente, lorsque le poids du corps porte sur des membres inférieurs mal alignés.

De toute façon, le désalignement des jambes se corrige assez facilement par des exercices de tonification (voir p. 110) qu'on peut pratiquer un peu partout (à l'arrêt d'autobus, en file d'attente, au lavabo) et dont le résultat se répercute rapidement tant sur les chevilles et le bas du dos que sur les genoux. Les muscles des cuisses s'affinent, prennent un contour harmonieux (le fameux galbe) et, bien sûr, gagnent

Les genoux vers l'intérieur ou l'extérieur indiquent un désalignement des jambes.

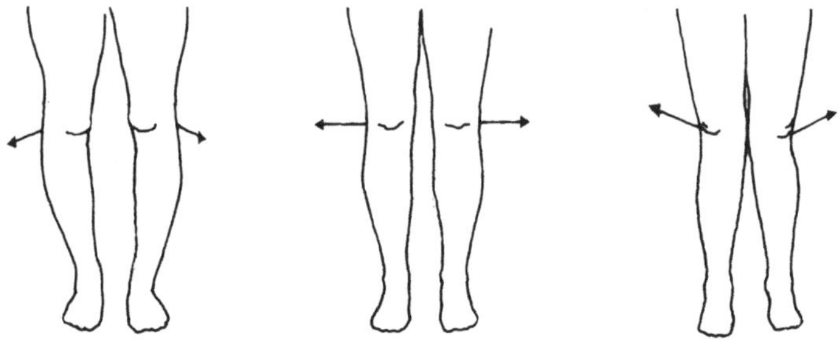

en efficacité. Genoux « croches » ou pas, on n'a donc rien à perdre à ce petit jeu...

Petite expérience
Bloquez vos genoux, puis essayez de bouger le bassin et de vous déhancher...

Un certain désalignement se produit chaque fois qu'on bloque les genoux, ce qui a pour conséquence de bloquer aussi le bas du dos et de réduire la mobilité du bassin. La chaîne musculaire étant « paralysée », les mouvements ondulatoires de la colonne – naturels et essentiels – deviennent alors impossibles.

La posture juste – debout

La tête et les épaules

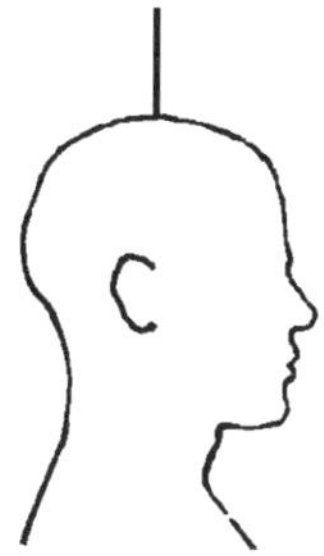

Le truc du fil

Pour pratiquer l'étirement axial dans le bon axe vertical, imaginez qu'un fil venu du ciel s'attache au sommet de votre crâne et le tire vers le haut...

La position de la *tête,* dont le poids compte pour environ 7 % de celui du corps, est ici déterminante : si son centre de gravité n'est pas dans l'axe vertical, la courbure cervicale est faussée, ce qui altère l'alignement des vertèbres dorsales ; à son tour, celui des vertèbres lombaires s'en trouve modifié, puis celui du sacrum et du coccyx.

Or, il est très rare que ce centre de gravité n'ait pas été déplacé. La majorité des gens – particulièrement ceux qui lisent beaucoup – portent la tête trop à l'avant ; en conséquence, leur nuque est trop droite (réduction de la courbure cervicale). D'autres lèvent exagérément le menton, ce qui a pour effet d'écraser les deux premières vertèbres cervicales, l'atlas et l'axis.

Puisqu'elle forme le sommet de l'architecture corporelle, la tête doit reposer en un point très précis, à défaut de quoi c'est tout l'équilibre du corps qui s'en trouvera perturbé. (Pensez à un château de cartes : si la pièce du haut n'est pas placée exactement au centre de l'étage précédent, tout s'écroule...)

Le « sommet » du crâne se trouve à mi-chemin entre le haut du front et la courbure qui détermine l'arrière de la tête, au milieu d'une ligne imaginaire qui relie le début du pavillon de chaque oreille. Faites quelques pas avec un dictionnaire sur la tête : s'il tient, il reposera forcément sur ce sommet.

Outre la verticalité, la posture juste se définit par rapport aux plans horizontaux, ceux de la tête (le regard, le menton), de la ceinture scapulaire (les épaules à la même

Points de référence
En prenant la ligne menton-sternum-pubis comme référence, on ramène automatiquement la cage thoracique là où elle doit être : en surplomb du bassin. On garde le bassin dans le bon angle et le poids du corps sur les bonnes structures.

hauteur), et du bassin. Ces lignes horizontales doivent être parallèles – tant debout qu'assis ou pendant la marche.

Le cas des épaules est particulier, parce que c'est là, souvent, que se concentrent les tensions et crispations dues au stress. Ces crispations – rarement symétriques – font se hausser les épaules. Dans une posture juste, les épaules sont abaissées, c'est-à-dire qu'elles reposent complètement sur le tronc, au lieu d'être tirées vers le haut par des trapèzes contractés. Une image qui peut vous aider à visualiser cette description, c'est celle de la boîte à chaussures et de son couvercle : le tronc est une boîte, et les omoplates, les côtés du couvercle qui *glissent* verticalement sur le tronc. (Voir exercice pour les épaules, en fin de chapitre.)

Outre la crispation involontaire des deux trapèzes, certains gestes ou comportements peuvent accentuer le déséquilibre des épaules :

- tenir le téléphone entre l'épaule et l'oreille (malheureusement toujours du même côté) pendant de longues minutes ;
- porter un sac en bandoulière (là encore, toujours du même côté) ;
- dormir sur le côté, l'épaule relevée ;
- conduire la voiture avec une main sur le haut du volant, etc.

Nos bras, qui pèsent quand même quelques kilos, sont normalement soutenus par la ceinture scapulaire, sans effort de notre part. Mais trop souvent nous demandons à ces pauvres trapèzes supérieurs de faire seuls tout le travail... À mesure que vous prendrez conscience de la tension insidieuse de vos trapèzes, vous découvrirez les comportements qui en accentuent la contraction et déséquilibrent vos épaules. Quand on a appris à ne plus avoir à supporter le poids de ses bras, quel soulagement pour nos trapèzes !

L'abdomen et le bassin

À cause de leur rôle d'antagonistes aux muscles de la colonne vertébrale, les muscles abdominaux jouent un rôle très important dans la posture. Il importe d'entraîner les fibres de soutien en développant le réflexe de les activer à l'expiration – ce qui ne veut pas dire de retenir son souffle ! (Il sera question de la respiration dans le chapitre 4).

Quant au bassin, il doit être, comme les épaules, parfaitement horizontal, tant vu de face que de profil. Ce qui implique que, d'une part, les deux hanches soient à la même hauteur et que, d'autre part, l'angle (plan antéro-postérieur) que fait à ce niveau le sacrum avec le reste de la colonne ne soit pas trop prononcé – ni vers l'avant, ni vers l'arrière –, le point juste étant celui où s'exerce le moins de tension sur la colonne lombaire.

A *En position juste, le bassin possède une légère inclinaison;*
B *Si le bassin est en antéversion (les fesses «sorties»), les muscles du bas du dos sont trop contractés, ce qui fait pression sur les vertèbres;*
C *Si le bassin est en rétroversion (les fesses vers le bas et le pubis avancé), les ligaments du bas du dos sont trop étirés, ce qui comprime aussi les vertèbres.*

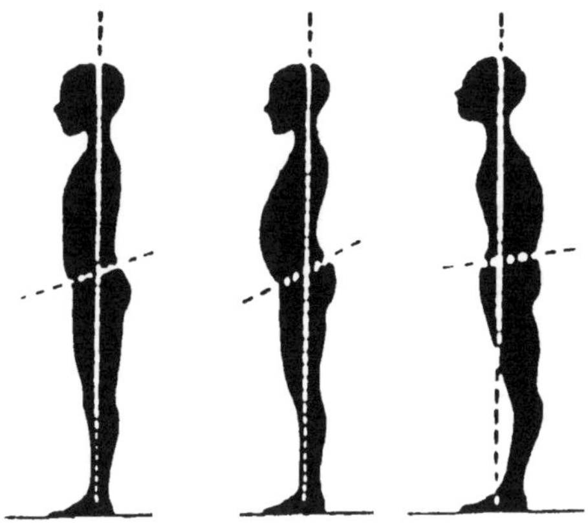

A B C

En Occident, nous faisons appel au langage hippologique pour dire du vrai cavalier qu'il est « dans son assiette ». Celui qui ne connaîtrait pas l'assiette, ne faisant pas correspondre son centre de gravité à celui de sa monture, serait vite éjecté du cheval ; celui-ci ne ressentirait pas en lui le maître et reprendrait les rênes, ou plutôt sa course folle. L'assiette est la posture du hara. *[En posture de méditation, l'être est] dans son hara, à condition que son ventre soit dégagé. Il ne connaît pas l'affalement. Il ne connaît pas davantage la raideur. Il est dans une parfaite détente et donc disponible, réceptif et totalement attentif. Ses énergies sont toutes en éveil*[3].
Annick de Souzenelles

Le *centre de gravité* du corps se trouve en un point qui se situe au centre du bassin, sur une ligne qu'on aurait tirée de la troisième vertèbre lombaire jusque sous le nombril. C'est là que le poids de l'ensemble de la masse corporelle s'équilibre : un côté par rapport à l'autre, la partie supérieure par rapport à la partie inférieure. Dans les approches énergétiques orientales, ce point – appelé *hara* – est fort important.

Par ailleurs, comme nous l'avons vu plus haut, il est essentiel de garder les genoux souples afin de maintenir la colonne mobile et le bassin flexible ; c'est une excellente habitude à acquérir, d'autant plus que la pression dans le bas du dos s'en trouve alors considérablement réduite.

Quand je place une personne dans le bon axe, elle a souvent l'impression d'être penchée vers l'avant. C'est que le système nerveux évalue de nouvelles données et amplifie l'information (comme lorsqu'une nouvelle obturation dans la bouche étonne votre langue). Au fur et à mesure que le système nerveux se sera approprié cette information, il affinera sa réaction, et graduellement, le changement d'habitudes corporelles apparaîtra.

Pour prendre conscience de votre posture, utilisez un miroir à trois panneaux, comme il s'en trouve dans certains magasins de vêtements, ou demandez à une autre personne d'agir comme observateur. Avec un peu de pratique, vous devriez ressentir qu'un bon étirement axial est celui qui imprime le moins de tension sur l'ensemble de la structure.

Les sensations de la posture juste

Une fois qu'on a donné au cou toute sa longueur (sans lever le menton), on a l'impression que la trachée recule vers les vertèbres cervicales ;

- on sent les deux muscles sterno-cléido-mastoïdiens qui forment un V, des clavicules vers les oreilles (ils deviennent apparents sur le devant du cou) ;
- on peut sentir une chaleur entre les omoplates ;
- on sent le ventre s'allonger (les côtes ne touchent plus aux hanches) ;
- on découvre qu'on ne sent plus de pression dans le bas du dos ;
- on ressent surtout beaucoup de soulagement non seulement dans la colonne, mais dans tout le corps.

C'est seulement quand le dos est ainsi *tonique* que le bassin garde la pleine liberté d'amortir les chocs et d'ajuster l'équilibre du corps tout entier, et que les épaules ont la possibilité d'effectuer aisément les différents mouvements des bras, sans surcharger les trapèzes.

La posture juste, c'est avoir :

- la tête bien centrée au-dessus de la colonne vertébrale ;
- la colonne dans sa pleine longueur entre les côtes et le bassin ;
- l'abdomen plat et tenu qui ne dépasse pas la ligne du sternum ;
- le bassin détendu ;
- les genoux qui demeurent souples et alignés ;
- les pieds qui reposent sur les bons appuis.

Il faut donc éviter d'avoir :

- le visage levé vers le ciel ;
- les épaules qui se haussent ;
- la cage thoracique qui se soulève et les côtes qui s'avancent ;
- l'abdomen relâché et le dos creux ;
- des genoux qui se bloquent vers l'arrière.

Des moments clés

Choisissez deux ou trois moments clés au cours de vos activités quotidiennes, des moments où il n'y a rien d'autre à faire qu'attendre, pendant lesquels vous prendrez l'habitude de vérifier votre posture :

- en file à la caisse de l'épicerie ;
- devant le guichet automatique ;
- en attendant le métro ou l'autobus ;
- au séchoir à mains dans les toilettes publiques ;
- au photocopieur ;
- sur le trottoir au feu rouge.

Il s'agit, finalement, de faire confiance à ce que l'on sait de la posture juste (les différents paramètres décrits ici) et non pas de chercher à ressentir le travail musculaire. Dans la posture juste, on ne ressent aucun stress, aucune tension ; on est au « neutre ».

La posture juste – assise

Qui n'a pas rêvé d'expérimenter l'apesanteur que connaissent les voyageurs de l'espace : ah ! ne toucher à rien, s'étirer dans toutes les directions, s'allonger n'importe comment pour lire, sans que l'épaule ou la nuque en soit rapidement stressée ! Malheureusement, cette condition ne peut être reproduite sur Terre, et les effets de la gravité demeurent notre lot, en tout temps, aussi bien lorsque nous sommes assis que debout, même si, dans le premier cas, notre équilibre est plus stable...

Dans la position assise, la courbure lombaire s'estompe un peu : le sacrum se rapproche de la verticale. Le bassin reste souple et s'adapte facilement aux déplacements et aux modulations provoqués par les mouvements du tronc, des épaules et des bras. Les ischions reposent tous les deux, également, sur le siège.

Quand on est plus ou moins affalé dans un fauteuil, le sacrum et les vertèbres lombaires sont tassés, la circulation dans les jambes est obstruée et les organes vitaux, comprimés... On pense avoir choisi une posture de détente quand, en fait, on s'impose un stress additionnel. Le bien-être que l'on ressent alors est sûrement de nature davantage psychologique que physique.

Ah ! ces chaises...

Pour bien s'asseoir, encore faut-il disposer d'un fauteuil ou d'une chaise qui remplit bien sa fonction, c'est-à-dire qui offre tous les soutiens requis, aux endroits requis – ce qui, malgré les apparences, n'est pas si simple... Car nous n'avons pas tous la même taille ni le même format,

La position assise tonique

- *les deux ischions posés bien verticalement sur le siège ;*
- *les côtes bien dégagées de la taille, sans être protubérantes ;*
- *le devant du corps qui respecte l'alignement menton-sternum-pubis ;*
- *le dos maintenu dans l'étirement axial ;*
- *les deux pieds posés à plat sur le sol, et les genoux à 90 degrés ;*
- *une respiration libre (abdomen actif).*

Un indice

Si, en laissant votre fauteuil, vous avez des douleurs ou des courbatures, c'est que votre posture était déficiente et qu'elle a été maintenue trop longtemps.

Vous ne faites pas la taille « standard » ?

- *Pour vous accommoder d'une chaise trop haute, utilisez un repose-pied, que vous aurez réglé à la hauteur requise.*
- *Si votre chaise est trop basse, placez-y un coussin assez épais pour que vos genoux et vos cuisses se trouvent au bon angle.*

tant s'en faut ! Or, la majorité des sièges ayant environ 46 centimètres de haut, ils ne conviennent, en principe, qu'aux personnes de taille moyenne puisque, pour que la posture n'imprime aucune tension, la cuisse doit arriver à angle droit avec le tronc. Chez les gens plus grands que la moyenne, les genoux sont ainsi trop élevés et le bas du dos, arrondi ; quant aux plus petits, ou bien leurs pieds ne touchent pas le sol, ou bien leur dos n'est pas appuyé.

De surcroît, l'angle du dossier est souvent trop ouvert, ce qui impose aux muscles de la nuque un effort pour redresser la tête afin de maintenir le regard horizontal. Un tel déplacement du centre de gravité de la tête fatigue les muscles et les ligaments vertébraux, son poids n'étant plus soutenu par les bons muscles : la charge est prise par d'autres structures – d'où tensions et douleurs à la nuque et entre les omoplates, allant parfois jusqu'à entraîner des maux de tête.

De nos jours, il est assez facile de s'assurer une bonne posture assise quand on travaille, grâce aux chaises de bureau réglables ; mais il faut également voir à ce que tous les autres sièges qu'on occupe régulièrement soient adéquats.

Et ces jambes croisées...

Autrefois interdit aux femmes « comme il faut », et toujours ignoré de certaines sociétés, le croisement des jambes est aujourd'hui décrié par tous les professionnels de l'équilibre corporel. D'une part, parce qu'il amène une rotation du bassin dans un sens, et des épaules dans l'autre : cette torsion comprime les disques des vertèbres lombaires en biais. D'autre part, parce que l'asymétrie dans

lequel se trouve alors le bassin fatigue non seulement les ligaments sacro-iliaques, mais aussi les articulations coxo-fémorales. Comme s'il était nécessaire d'en rajouter, cette position comprime les vaisseaux sanguins et les nerfs des membres inférieurs, dont le nerf sciatique (celui-là même dont l'inflammation provoque des douleurs proverbiales). Croiser les jambes n'est donc toujours pas « recommandable », pas plus aux hommes qu'aux femmes, d'ailleurs...

Mais pourquoi alors ressentons-nous le besoin de faire ce geste ? Je répondrais que le corps humain n'a pas été conçu pour vivre assis : certes, c'est une position pratique pour accomplir certaines tâches, momentanément ; mais la position debout et la marche répondent beaucoup mieux aux impératifs du « bonheur corporel ». Lorsqu'on est assis, le bassin est fixe, plus ou moins bloqué, ce qui devient rapidement inconfortable ; on

Postures-exercices

Il existe une manière de croiser les jambes qui, sans être élégante, a le mérite de respecter l'horizontalité du bassin et l'alignement de la colonne : il s'agit de poser la cheville d'une jambe sur le genou de l'autre, en ouvrant la cuisse. En prime : si vous mettez une légère pression sur le genou ouvert, vous pratiquez un étirement bénéfique pour les muscles pelviens et ceux du haut de la cuisse. Encore une fois, n'oubliez pas d'alterner. On peut également s'asseoir un genou replié contre la poitrine, le pied posé sur le siège (le dos bien vertical, les ischions bien posés, les épaules détendues).

cherche alors, inconsciemment, à combattre les désagréments de cette fixité imposée. Toutefois, comme je l'ai dit, le fait de croiser une jambe engendre d'autres types de pressions, aussi néfastes, sinon plus. C'est pourquoi il est si important de varier ses positions assises.

Si vous désirez perdre cette habitude, il faut simplement annuler la sensation de fixité du bassin. Pour ce faire, placez une pièce de bois ou une boîte (haute d'environ 8 à 10 centimètres) sous la table de travail. Laissez-y reposer un pied, puis l'autre, en alternance.

Par ailleurs, si vous avez pris l'habitude – en mangeant sur le pouce, par exemple – de vous asseoir de profil à la table, les jambes croisées et le buste tourné vers l'avant (quand ce n'est pas la tête penchée vers le journal !), vous « obtenez » une torsion supplémentaire... et un système digestif qui, bientôt, n'en mènera pas large. Le moment du repas est pourtant tout indiqué pour savourer, ne serait-ce que quelques minutes, le sentiment d'apaisement qui envahit alors le corps. Offrez-vous donc ce plaisir.

La position juste – allongée

Que ce soit pour quelques minutes ou pour la nuit, pour faire le vide ou pour dormir, on s'allonge afin de soulager le corps des tensions – physiologiques et psychiques – inhérentes aux activités quotidiennes. Autrement dit, on se couche pour se reposer. Et à moins qu'on ne soit dans un état inhabituel de surexcitation, le rythme cardiaque s'apaise et tout le métabolisme ralentit.

Malheureusement, l'effet réparateur du sommeil est trop souvent perturbé par au moins un de ces facteurs physiologiques :

- un corps atone, peu entraîné, dont la structure s'écrase sur elle-même ;
- des tensions musculaires qui ne sont pas réduites avant d'aller au lit ;
- de mauvaises positions pendant le sommeil.

Les muscles entraînés régulièrement sont évidemment très toniques, ce qui assure l'écartement osseux de la structure (le tonus est la capacité d'un muscle à maintenir, même au repos, une certaine tension). Lorsqu'on est couché, les tissus mous s'affaissent naturellement sous l'effet de la gravité ; si le tonus musculaire est insuffisant, les articulations sont comprimées et leur fonctionnement, gêné. En conséquence, on se lèvera avec des courbatures, des pincements, des raideurs... (Je reparlerai du tonus musculaire dans le chapitre suivant.)

Il arrive fréquemment qu'on termine sa journée avec des tensions, voire des contractions musculaires, qui peuvent être dues à de mauvaises habitudes posturales, à un travail exigeant ou à des gestes répétitifs. Le sommeil, même s'il est de qualité, n'arrive jamais à éliminer complètement ces tensions. Dans le but de rééquilibrer l'ensemble musculaire avant d'aller dormir, on peut, par exemple, aller marcher à l'extérieur pendant 15 ou 20 minutes, ce qu'on fera d'un pas moyen, avec les bras souples et les mains libres, tout en pratiquant le circuit de vérification décrit plus loin (voir page 108).

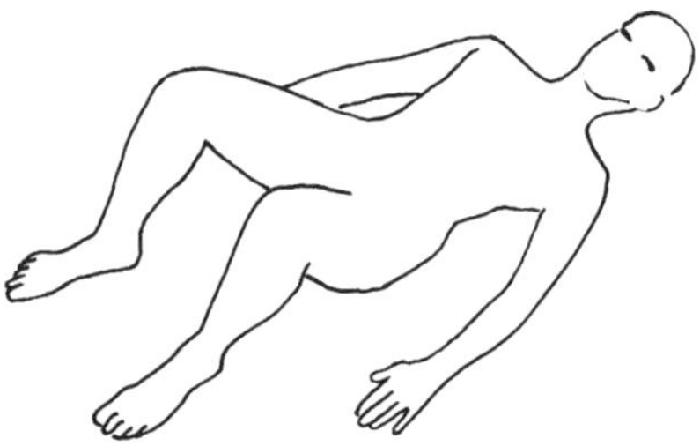

Pratique de rééquilibration

Une autre pratique de rééquilibration consiste à se coucher par terre (sur un tapis ou une serviette épaisse), le bas du dos bien collé au plancher, la tête légèrement soutenue et la nuque longue, les genoux pliés, les deux pieds au sol, les bras le long du corps, les épaules abaissées (descendez vos mains aussi loin que possible le long des cuisses). Garder cette position pendant au moins cinq minutes en respirant profondément. Cette pratique permet :

- de relâcher les tensions au dos, aux épaules et à la nuque ;
- de relâcher les muscles ;
- de réaligner les articulations.

Après ces quelques minutes, le corps ayant déjà accompli une première phase de relaxation, il glissera sans peine dans un sommeil réparateur.

Un mouton, deux moutons, trois...

Au fil du temps, toutes sortes de conditions de sommeil ont été proposées : sur le sol, sur un matelas de plumes, de coton, ou à ressorts ; avec un oreiller, ou deux, ou sans oreiller ; avec un oreiller orthopédique, ou bourré d'écailles de sarrasin ; avec une bouillotte chaude, une couverture thermale légère, une douillette lourde, un chauffe-matelas ; les genoux pliés, sur le dos, sur le côté, jamais à plat ventre... De toute façon, la plupart des options sont bonnes si elles « livrent la marchandise », c'est-à-dire un sommeil de qualité.

Les petits enfants empruntent spontanément *toutes* les positions, même les plus incongrues. À l'âge adulte, toutefois, l'éventail a tendance à diminuer. La vie à deux, surtout, réduit les possibilités : l'espace est restreint, on ne veut pas déranger l'autre, qui préfère qu'on se place de telle manière...

Certaines personnes arrivent à garder la même position toute la nuit, et toutes les nuits. D'autres changent plusieurs fois, sans que cela nuise à leur sommeil. Ce sont sans doute deux types différents de dormeurs, et l'on ne pourrait pas demander aux uns de faire comme les autres. Je crois toutefois qu'il est possible de développer des réflexes pour éviter les positions qui contrarient les muscles et compriment les articulations.

Puisque tant de gens arrivent à modifier leurs habitudes alimentaires – si incrustées soient-elles dans l'émotivité et dans l'inconscient –, on devrait pouvoir faire aussi bien quant à la position qu'on adopte pour dormir. À force de faire parler mes élèves lors des évaluations posturales, j'ai fini par conclure, entre autres choses, que ceux et celles qui s'activent peu durant le jour ont tendance à adopter l'immobilité, la nuit. C'est acceptable si leur posture est juste, mais il demeure que le corps et les articulations subissent toujours les mêmes contraintes.

Sans modifier radicalement vos habitudes de sommeil, tentez au moins de vous mettre au lit en respectant

Quand j'ai commencé à danser, à l'âge de 13 ans, je manquais de souplesse. Je me suis donc efforcée de la développer, et je faisais de petits exercices en conséquence tout au long de la journée, dans toutes sortes de situations. Chaque nuit – et même si je partageais le lit avec ma sœur –, je m'ingéniais à m'endormir dans une nouvelle position d'étirement. Depuis, j'ai gardé cette demi-conscience de l'état de mon corps, grâce à laquelle je me réajuste sans que cela trouble mon sommeil.

les appuis naturels de votre corps ainsi que les alignements de vos membres et, surtout, de vous détendre suffisamment...

Si on dort sur le dos

Dormir sur le dos est sûrement la meilleure position pour soulager la pression intradiscale dans la colonne vertébrale. Il faut alors :

- Soutenir la nuque pour soulager les vertèbres cervicales.
- Soutenir les genoux avec un coussin de façon qu'ils soient légèrement fléchis, ce qui empêche une cambrure excessive de la région lombaire ;
- Ou encore, plier une jambe sur le côté (en grenouille) et alterner régulièrement.

Si on dort sur le côté

- S'assurer que le cou et la tête sont adéquatement soutenus (les oreillers dits orthopédiques peuvent aider, mais ils ne conviennent pas à tous).
- Mettre un coussin entre les deux genoux fléchis afin de conserver l'écart naturel des hanches ; sinon, la hanche supérieure s'affaisse et la colonne subit une torsion.

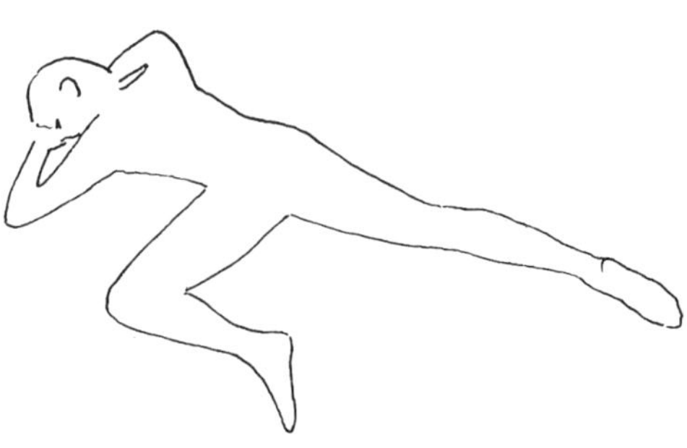

Si on dort sur le ventre

Dormir sur le ventre est une posture reposante pour les organes du caisson abdominal, mais difficile pour le bas du dos et la nuque. Il faut alors :

- Placer un oreiller sous le torse et l'abdomen, afin d'aplanir la région lombaire.

- Replier un genou sur le côté (et alterner).
- Changer la tête de côté de temps à autre.

Le mieux, c'est de varier, autant que faire se peut, les positions de sommeil. Si on dort avec une autre personne, le fait de changer périodiquement de côté de lit facilite beaucoup la diversité des positions. Évidemment, on ne peut demander à un dormeur de réajuster sa position ; il faut donc que celle qu'il adopte en se mettant au lit soit adéquate.

Je ne regarde pas où je vais, je vais où je regarde[4].

ALAIN BERTHOZ

LA POSTURE JUSTE — EN MOUVEMENT

La posture, répétons-le, est la façon de tenir son corps dans *toutes* les activités quotidiennes, ce qui comprend marcher, courir, laver le plancher, etc. Prenons l'exemple de la marche, une activité généralement assez calme pour que l'esprit puisse être attentif à la façon dont le corps se comporte.

La marche et la course

Comment se comporte mon corps quand je marche ?

Suis-je dans mon étirement axial ? Ma nuque est-elle allongée ? Mon regard est-il horizontal ? Mes mâchoires sont-elles détendues, mes épaules, abaissées ? Le bas de mon dos est-il souple, mon ventre, actif, le poids de mon corps, bien supporté par mes pieds ? Mes genoux sont-ils bien au-dessus des chevilles ? Ma respiration est-elle libre ?

Dans une démarche idéale, les pieds s'avancent sur des trajectoires parallèles (et non pas en se croisant l'un après l'autre, comme le font les mannequins) ; le bassin est souple, le bas du dos, détendu dans son mouvement ondulatoire ; la poitrine et l'abdomen sont bien ouverts et aspirent à pleins poumons ; les épaules sont abaissées ; les bras se meuvent en alternance ; le regard est horizontal, bien dirigé vers l'avant, mais surtout vif et présent.

Pour que le mouvement s'accomplisse aisément, la respiration doit être continue et l'effort, bien réparti, les différentes parties du corps se mouvant en harmonie les unes avec les autres.

Certaines personnes marchent en projetant le haut du corps vers l'avant, comme si elles s'apprêtaient à courir... Malheureusement, la ligne centrale de gravité n'étant pas respectée, cette attitude impose un stress important au bas du dos. D'autres avancent tristement, sans jamais quitter le sol des yeux : ce sont alors les muscles de la nuque, du haut du dos ainsi que du dessus de la cuisse qui travaillent doublement, afin de rétablir l'équilibre.

Les consignes à observer sont pourtant ici les mêmes que dans la posture debout, c'est-à-dire l'exacte verticalité menton-sternum-pubis et l'horizontalité de la tête, des épaules et du bassin.

Dans la *course,* le centre de gravité du corps est automatiquement déplacé vers l'avant (en vue d'assurer une meilleure propulsion), mais il faut respecter l'horizontalité du regard, la détente de la mâchoire, de la nuque et des épaules, la souplesse de la colonne vertébrale et l'alignement des membres. Sans oublier de bien respirer, ce qu'on néglige souvent.

Attention : poids lourd !

Tout le monde, mais vraiment *tout le monde,* sait qu'il faut faire très attention quand il s'agit de soulever une charge, que c'est dangereux pour le dos, qu'il faut plier les genoux, et *tutti quanti*... Essayons de revenir sur le sujet d'une façon aussi explicite et convaincante que possible.

La stabilité, la mobilité et la force de la colonne vertébrale sont les résultantes de ses *trois courbures naturelles* (voir schéma, page 55) : la courbure cervicale (concave), la courbure dorsale (convexe) et la courbure lombaire (elle aussi concave, ou creusée). Celles-ci sont interdépendantes, et s'ajustent l'une par rapport à l'autre afin de maintenir l'équilibre du corps.

La colonne étant particulièrement fragile au niveau des lombes, c'est cette région qu'il importe en premier lieu de protéger au moment de soulever un objet lourd, car sa cambrure naturelle ne doit surtout pas être forcée dans le sens contraire. On peut courber le bas du dos en

Essayez-le !

Vérifiez sur vous-même le mécanisme de l'interdépendance des courbures :

- *vous êtes debout, dans une posture juste, bien sûr !*
- *maintenant, faites ressortir exagérément les fesses (ce qui amplifie la courbure lombaire) :*
- *le menton s'avance automatiquement (ce qui accentue la courbure cervicale) pour maintenir l'équilibre du corps.*

Les déformations des courbures vertébrales, qui peuvent être congénitales ou découler d'une mauvaise posture, sont de trois ordres :

Lordose : *dos très creux au niveau lombaire.*

Cyphose : *dos très bombé au niveau dorsal.*

Scoliose : *torsion des vertèbres qui provoque une ou des courbures latérales.*

dansant, en s'étirant, en faisant de la gymnastique, etc., mais jamais en lui imposant une charge supplémentaire.

Dans toutes les occasions qui lui demandent un effort, il faut donc *penser* le dos comme un « ensemble fixe ». Pour se pencher, il faut plier à l'articulation des hanches, en gardant tout le dos tel qu'il était en position verticale, *sans bomber la région lombaire*.

Au même moment, il faut plier *les genoux*. Car si vous vous penchez en gardant les genoux droits, le poids de votre tronc vers l'avant augmente la pression sur la région lombaire. La pression de ces muscles augmentant dans la région lombaire, les disques intervertébraux sont écrasés, et le nerf sciatique risque fort d'être coincé... avec le résultat habituel.

Vous êtes sceptique ?

- Asseyez-vous par terre, les deux jambes droites.
- Penchez-vous vers l'avant.
- Maintenant, pliez un peu les genoux et penchez-vous de nouveau.
- Voyez comment la pression diminue grandement dans le bas du dos.

Et comme argument choc, voici des chiffres qui indiquent le degré de pression subie par la troisième et la quatrième vertèbre lombaire au cours de divers mouvements[5] :

- debout en posture normale : 100 % ;
- en soulevant un poids de 20 kg, dos droit et genoux fléchis : 300 % ;
- même chose, dos fléchi et genoux droits : 485 %.

Pour soulever une charge sans danger

- **Agrandir la base de support** en écartant un peu les pieds ; cela donne un peu plus de jeu pour le centre de gravité.

- **Rapprocher la charge à soulever du centre de gravité,** « faire corps » avec elle, d'autant plus qu'elle est lourde ; elle sera ainsi moins exigeante pour le reste du corps.
- **Stabiliser la colonne vertébrale** en la gardant bien tenue et droite.
- **Plier les genoux,** afin de réduire la pression sur les disques intervertébraux de la région lombaire.
- **Rentrer et serrer le ventre** afin de permettre aux muscles abdominaux d'accomplir leur fonction de stabilisation du dos (ce pour quoi les déménageurs portent une ceinture abdominale).
- **Prendre une grande inspiration, puis expirer au moment de soulever la charge,** ce qui renforce l'action de stabilisation des muscles abdominaux.
- **Se relever en gardant le dos droit,** pour que le poids de la charge repose sur le centre du corps, en repoussant le sol avec la force des jambes.

Et pour la déposer

- Plier d'abord les genoux.
- Poser les coudes sur les genoux avant de déposer la charge.
- Toujours garder la charge le plus près possible du tronc.
- S'accroupir pour la déposer en gardant le dos droit, et en utilisant la force des jambes et des bras.

Quelques conseils de plus

- Quand il faut manipuler un objet placé plus bas que la taille, il est préférable de plier les genoux plutôt que de pencher le haut du corps.
- Si l'objet est placé plus haut que soi, monter sur un marchepied plutôt que de travailler à bout de bras (la charge devenant alors incontrôlable).

- Stabiliser les épaules afin que la charge ne soit pas supportée par les muscles de la nuque et des épaules, mais que son poids repose sur l'ensemble du tronc.
- Prendre la charge avec les deux mains (même si elle est relativement légère, c'est une technique à intégrer).

Attention : poids léger !

Il est de nombreux petits gestes quotidiens qui demandent peu d'efforts et, donc, que nous sommes portés à accomplir sans trop faire attention à notre dos. Or, le torse peut lui-même devenir un poids considérable...

Voici quelques activités au cours desquelles le bas du dos supporte le poids du torse, et qui demandent, par conséquent, quelque prudence :

- sortir un plat du four ;
- mettre les couverts sur la table ;
- passer l'aspirateur ;
- ramasser un objet par terre ;
- faire le lit ;
- ouvrir un tiroir...

En fait, en toutes circonstances où l'on doit pencher le haut du corps, il s'exerce une pression sur le bas du dos. Il faut alors stabiliser cette région, c'est-à-dire *plier les genoux et ne pas bomber le dos au niveau lombaire.*

Un dos averti n'en vaut toujours qu'un seul, mais heureux !

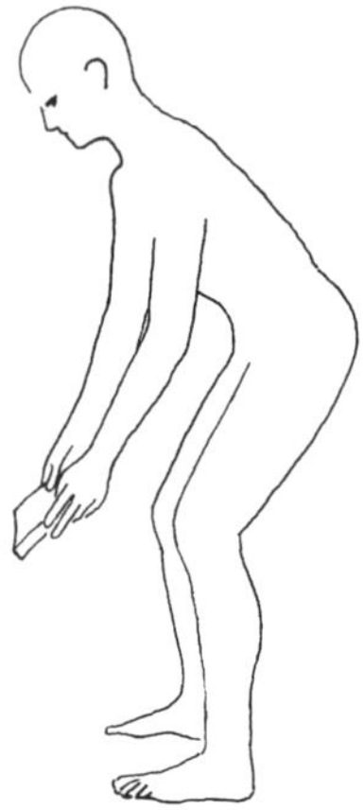

Plier les genoux

En plus d'épargner le dos en moult occasions, ce mouvement sollicite plusieurs habiletés du corps : la force, l'équilibre, la souplesse et le contrôle. C'est également une posture pleine d'harmonie, que l'on en vient à pratiquer avec beaucoup de plaisir !

Pratiques quotidiennes

L'entraînement postural

Comme je l'ai déjà dit, plusieurs malaises, surtout ceux du dos, peuvent être attribués à une mauvaise posture. Mais il ne suffit pas d'en prendre conscience... encore faut-il accepter de suivre le traitement nécessaire à leur soulagement.

Rappelons qu'un entraînement sportif *ne saurait en aucun cas remplacer* un entraînement à la bonne posture : le premier a surtout pour but de développer les muscles qui seront sollicités au cours de l'activité choisie, alors que le deuxième doit stimuler et renforcer les *muscles de soutien* qui maintiennent le squelette dans les bons alignements.

L'entraînement postural développe aussi l'endurance et permet au corps de garder un certain temps la même position. De plus, grâce à la stabilisation des articulations, les mouvements s'effectuent plus harmonieusement et avec une économie d'énergie appréciable. Enfin, cet entraînement n'est pas violent ; même si on le trouve exigeant au début, on se surprend à le pratiquer de plus en plus souvent, jusqu'à ce qu'il devienne une habitude.

Prendre l'habitude de se tenir dans une posture juste est un processus permanent. Rien n'est jamais acquis, définitif. Seul, vous aurez peut-être de la difficulté à évaluer la qualité de votre posture ; un œil averti vous aidera à affiner votre perception. Et vous verrez que chaque pas que vous ferez vers cette maîtrise deviendra une source de plaisir.

Le circuit de vérification

Plusieurs fois pendant la journée, faites quelques minutes de « ronde du corps » au moyen des points de repère décrits dans ce chapitre. Peu à peu, votre organisme apprendra à reconnaître ceux-ci et, de plus en plus souvent, il manifestera le besoin de les retrouver. On pourrait appeler ça une « intégration corporelle ».

- Est-ce que ma tête est bien placée, ma nuque est-elle allongée ?
- Est-ce que ma mâchoire est détendue ?
- Est-ce que mes épaules sont détendues ?
- Est-ce que ma taille a sa pleine longueur ?
- Est-ce que le bas de mon dos est détendu ?
- Est-ce que mon abdomen est à la fois souple et tenu ? (ligne menton-sternum-pubis)
- Est-ce que ma respiration est assez ample ?
- Est-ce que je répartis également mon poids sur les deux jambes ?
- Est-ce que mes deux genoux sont souples et bien alignés au-dessus des pieds ?
- Est-ce que mes deux pieds reposent sur les bons appuis ?

Exercices de rééquilibration

Pour la posture debout

- Pratiquer l'étirement axial, ce qu'on peut faire à tout moment, et partout ;
- Renforcer les muscles de l'abdomen en exagérant un peu le mouvement de rentrée du ventre au moment de l'expiration (ce qui se pratique très bien en marchant).

Étirer la colonne

Tous les jours, pratiquer les exercices d'étirement de la colonne, *surtout* à la suite d'une activité exigeante pour le dos (balayer les feuilles, passer l'aspirateur, soulever une charge, etc.).

- Debout, les pieds parallèles, écartés à la largeur des hanches, genoux fléchis, bas du dos droit, mains derrière la tête (sans presser), enrouler progressivement la tête vers la poitrine, sans forcer ;
- Rendu à enrouler les côtes, placer les mains sur les cuisses ; poursuivre l'enroulement en prenant appui sur les genoux, puis sur les jambes, jusqu'à ce que les côtes touchent les cuisses ;
- Remonter lentement, en prenant appui sur les jambes puis les cuisses ;
- Respirer régulièrement ;
- Ne pas faire si vous souffrez d'entorse lombaire ou de hernie discale.

Rééquilibrer le dos

- S'étendre par terre sur le dos ;
- Plier les genoux, les monter vers la poitrine en les gardant légèrement distants l'un de l'autre, et les tirer vers soi (avec les mains sous les genoux), sans lever les fesses du sol.
- Allonger la nuque.
- Bien sentir chaque vertèbre toucher le sol.
- Respirer lentement et profondément, en rentrant les muscles de l'abdomen à chaque expiration.

Tonifier les muscles abdominaux

- En ramassant les feuilles, tenir le râteau sans hausser les épaules, rentrer le ventre à chaque expiration, relâcher les genoux et contracter les muscles internes et externes des cuisses.
- En tondant la pelouse, pousser la tondeuse sans hausser les épaules, rentrer le ventre, contracter les muscles des cuisses, s'assurer de bien aligner, à chaque pas, le genou au-dessus du pied.
- En marchant, en conduisant la voiture, en montant les escaliers, etc., retenir le ventre, garder le dos et l'abdomen parallèles.
- Au feu rouge, après une expiration, attendre trois secondes avant de reprendre une inspiration ; en profiter pour contracter les abdominaux et tenir le ventre rentré après l'expiration.

Aligner les membres inférieurs

- Se tenir debout, le poids réparti également sur les deux pieds, ceux-ci séparés à la largeur du bassin.
- Garder les genoux un peu relâchés (et non bloqués vers l'arrière).
- Tendre les muscles internes et externes des cuisses comme pour écarter les genoux, sans ouvrir les chevilles vers l'extérieur.
- Bien respecter les trois points d'appui des pieds sur le sol.
- Vous sentirez la contraction jusque dans les fesses, de même que le poids du corps qui se répartit adéquatement sur les points d'appui des pieds.

Abaisser les épaules

- Placer les deux bras le long du corps, les coudes étant souples (et non bloqués vers l'arrière).
- Garder la cage thoracique longue, en surplomb du bassin (et non affaissée).
- Contracter les trapèzes pour monter les épaules vers les oreilles.
- Redescendre les épaules lentement en tirant les mains vers le bas, sans affaisser le tronc.
- Refaire plusieurs fois de suite, en sentant bien les trapèzes qui s'étirent.

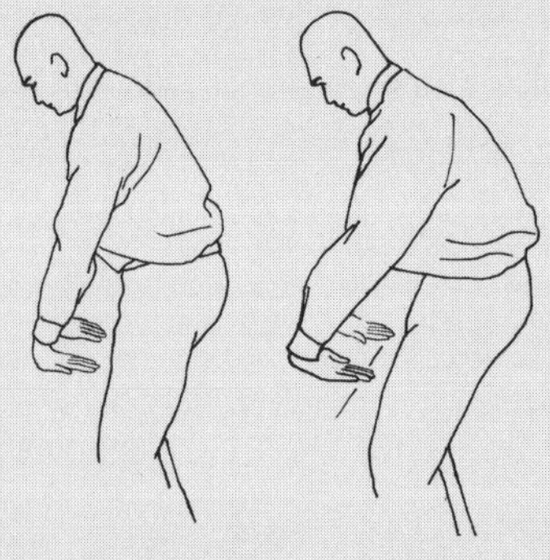

SÉRIE D'EXERCICES POUR SOULAGER LES TENSIONS ET LES MAUX RELIÉS AU TRAVAIL À L'ORDINATEUR[6]

Les poignets et les coudes

- Déposer les paumes sur la table, pouces vers l'extérieur, doigts tournés vers vous (garder les coudes un peu fléchis afin d'éviter l'hyperextension). Vous sentirez l'étirement tout le long de l'intérieur des avant-bras.
- Tenir de 10 à 15 secondes en respirant régulièrement.
  Précaution : réduire la pression si vous ressentez de la douleur.
- Déposer maintenant le dessus des mains sur la table, les doigts toujours tournés vers vous. Vous sentirez l'étirement jusque dans les coudes.

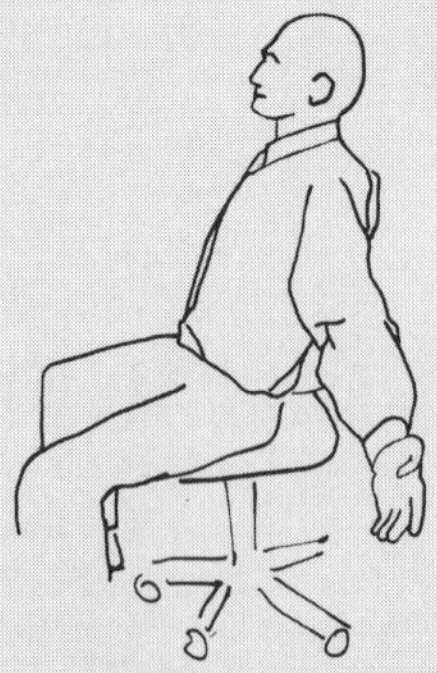

Les épaules

- Ouvrir les bras vers l'arrière, sans déplacer les épaules ni creuser le dos. Vous sentirez l'étirement devant l'épaule et dans la poitrine.
- Tenir de 10 à 15 secondes en respirant régulièrement.
  Précaution : si vous ressentez des picotements dans les doigts, réduire l'amplitude.

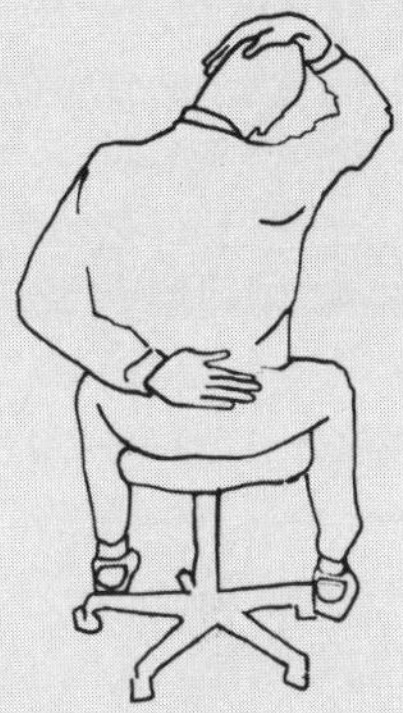

Les trapèzes

- Une main derrière le dos, incliner doucement la tête du côté opposé en vous aidant de l'autre main, *si cela ne cause pas de douleur.* Garder les épaules horizontales, et ne pas incliner le tronc. Vous sentirez l'étirement le long du cou jusqu'à l'épaule.
- Tenir de 10 à 15 secondes en respirant régulièrement, puis changer de côté.

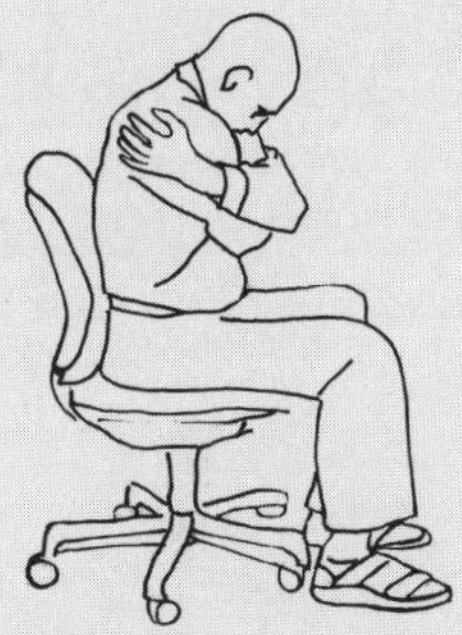

Le haut du dos, étirement

- Croiser les bras sur la poitrine, les mains le plus loin possible sur les omoplates. Garder l'étirement axial, mais laisser tomber la tête. Inspirer longuement et laisser bien gonfler la poitrine ; expirer en rentrant le ventre.
- Tenir le temps de 4 respirations lentes.

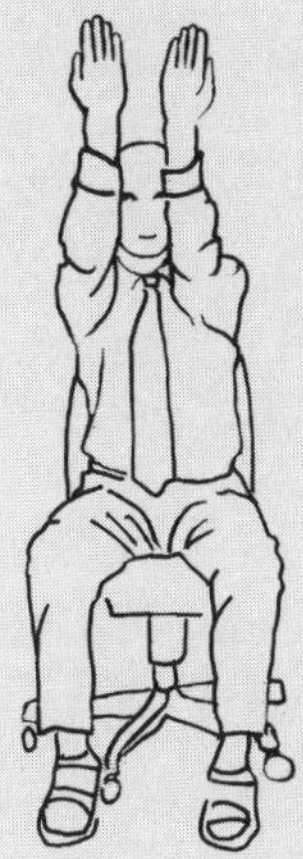

Le haut du dos, tonification 1

- Rapprocher les coudes l'un de l'autre en avançant les épaules ; tenir le dos droit. Vous sentirez l'étirement entre les omoplates.
- Inspirer lentement et expirer en avançant davantage les coudes.
- Tenir le temps de 4 respirations lentes.

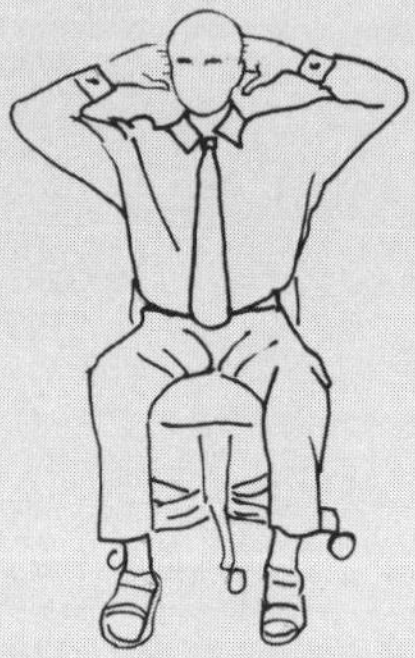

Le haut du dos, tonification 2

- Ouvrir les coudes sur les côtés en abaissant les épaules, les doigts sur l'arrière de la tête, nuque allongée, dos droit.
- Inspirer lentement, et expirer en faisant une pression de la tête contre les doigts, sans déplacer les épaules vers l'arrière. Vous sentirez une légère contraction entre les omoplates et un étirement des pectoraux.
- Tenir le temps de 4 respirations lentes.

Le bassin et le bas du dos 1

- Jambe droite croisée en ouverture, appuyer le coude droit sur le genou, l'avant-bras le long du tibia, en gardant le dos droit.
- Inspirer au repos, expirer en rentrant le ventre et en appliquant une petite pression sur le genou ouvert.
- Tenir de 10 à 15 secondes, et changer de côté.

Le bassin et le bas du dos 2

- Jambe droite croisée, genou remonté vers l'épaule gauche, les deux fesses appuyées également sur le siège, tourner le torse vers la droite.
- Inspirer au repos, expirer en rentrant le ventre et en remontant progressivement le genou vers l'épaule.
- Tenir de 10 à 15 secondes, puis changer de côté.

L'avant des hanches

- Jambe droite tendue derrière, pied gauche posé sur le siège, avancer le bassin et le tronc vers la chaise en allongeant le genou de la jambe arrière.
- Bien maintenir l'étirement axial, rentrer le ventre et ne pas creuser le bas du dos.
- Tenir de 10 à 15 secondes, puis changer de côté.

Le dos

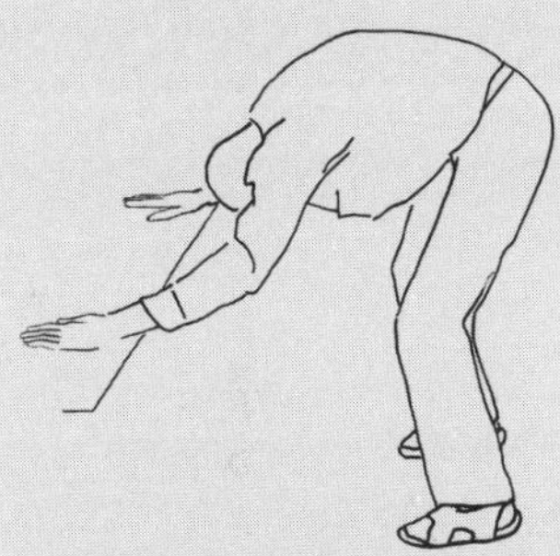

- Pieds en parallèle, genoux fléchis au-dessus des pieds, torse penché vers l'avant, mains sur la table (un peu plus espacées que les épaules).
- Inspirer en bombant un peu le dos.
- Expirer en aplatissant le dos à l'horizontale (sans le creuser), aligner la nuque avec le dos (sans la creuser), maintenir les coudes souples et un peu fléchis.
- Répéter 4 à 6 fois, en tenant 6 secondes chaque fois.

RÉFÉRENCES

1. James Gavin, Ph.D., *Body Moves,* Stackpole Books, 1988.
2. Dr Michel Dupuis, *Ce sacré mal de dos,* Montréal, Éd. Stanké, 1992.
3. Annick de Souzenelles, *Le symbolisme du corps humain,* Paris, Albin Michel, 1984.
4. Alain Berthoz, *Le sens du mouvement,* Paris, Éditions Odile Jacob, 1997.
5. Alf Nachemson, *The Lumbar Spine : an Orthopedic Challenge* (cité par le Dr Michel Dupuis dans *Pathologie médicale de l'appareil locomoteur,* 1986).
6. Thérèse Cadrin Petit, *La méthode de Gymnastique sur Table TCP* (manuel du professeur), Montréal, 1989.

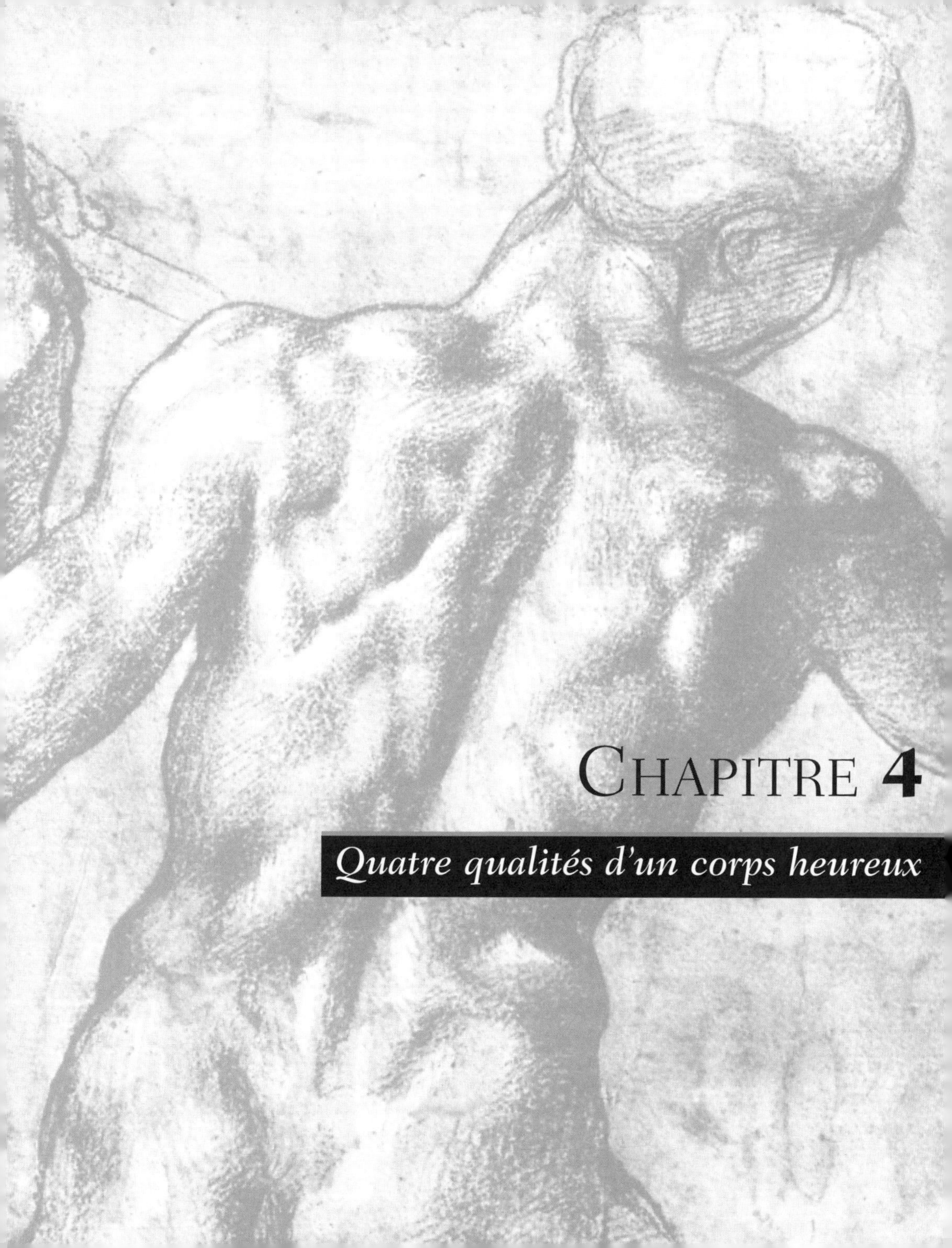

CHAPITRE 4

Quatre qualités d'un corps heureux

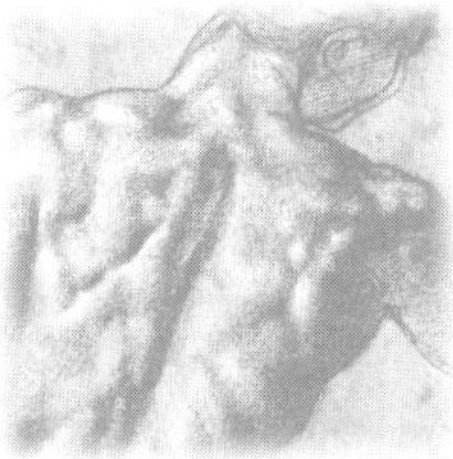

La force

- *De quoi parle-t-on ?*
- *À quoi cela sert-il*
- *La préparation à l'effort*
- *Faibles ou fortes, les femmes ?*
- *L'endurance*
- *Pratiques quotidiennes*

La souplesse

- *L'amplitude articulaire*
- *Avec l'âge*
- *Qu'est-ce que le* stretching*?*
- *Conditions pour réaliser des étirements efficaces et sécuritaires*
- *Pratiques quotidiennes*
- *Série complète d'étirements pour entretenir votre souplesse*

Le souffle

- *La respiration*
- *Le mécanisme respiratoire*
- *Pratiques quotidiennes*

Le système cardio-vasculaire

- *Entraîner la pompe*
- *À quelle intensité ?*
- *Différents types d'entraînement*
- *La marche : de l'aérobique « doux »*
- *Pratiques quotidiennes*

La précision

- *L'imagination des sens*
- *Enrichir le quotidien*
- *La fascination du geste*
- *Le temps d'arrêt*
- *L'attitude*
- *L'entraînement à la précision*
- *Pratiques quotidiennes*

Un corps heureux, c'est à tout le moins celui qui ne souffre pas ; en principe, il est aussi capable de procéder à ses activités quotidiennes sans fatigue indue. Mais encore ? Je crois, sincèrement, qu'il a d'abord appris à se mouvoir avec une aisance qui lui apporte bien-être et plaisir.

Outre la posture juste – paramètre fondamental –, il est quatre « qualités » sans lesquelles le corps ne saurait éprouver cette aisance, cette légèreté, ce bonheur de vivre. Trois d'entre elles sont reconnues par la majorité des chercheurs comme étant de première « nécessité » : la force musculaire, une bonne oxygénation et la souplesse.

À ces trois qualités j'ajoute la précision, que j'ai perçue, toute jeune encore, comme essentielle à mes gestes de danseuse ; mais mon observation au cours de 25 années d'enseignement m'a confirmé à quel point cette qualité vient colorer les autres : quand les mouvements sont précis, conscients, toutes les activités deviennent plus économes, plus sécuritaires et, surtout, plus agréables.

Ces habiletés mettent environ 20 ans à se développer entièrement. Entre l'âge adulte et l'âge mûr, leur intensité fluctue en fonction des exigences de la vie quotidienne, du métier et des activités sportives, mais toutes demeurent importantes. Une fois amorcée l'étape de la vieillesse, il est possible d'en ralentir les effets, à condition de demeurer actif et, encore mieux, d'intégrer à sa routine quelques exercices adéquats.

Le mot *qualité* évoque la notion d'échelle, en ce sens qu'il ne désigne pas une caractéristique immuable, comme la couleur des yeux ou la forme des oreilles ; c'est une manière d'être, une faculté qui s'acquiert, se cultive, s'entretient... sous peine de la perdre.

Ce sont les Grecs qui, notamment avec Héraclès et d'autres dieux ou héros, nous ont guidés sur ce sentier, mais toujours est-il que la société occidentale valorise encore, et beaucoup, les gros muscles et l'invincibilité masculine. Vitrine éloquente, le cinéma américain regorge de Rambos, de justiciers, de séducteurs et même de financiers qui ont du coffre. En contrepartie, les « petits fluets », genre Woody Allen, ont l'air peu crédibles et plutôt sujets de comédies.

Évidemment, l'histoire de l'humanité nous enseigne combien la vigueur des mâles fut – et est encore, dans bien des sociétés – cruciale à la survie du groupe, totalement dépendant de leur aptitude à chasser, à pêcher, à maîtriser un animal ou à construire un abri. En contrepartie, c'est plutôt à la souplesse et à l'endurance qu'ont fait appel les tâches traditionnellement féminines. Mais la situation a considérablement changé en Occident, et les technologies du XXIe siècle ne justifient plus ces modèles convenus. Compte tenu de leur morphologie et de leur hérédité, les hommes et les femmes doivent maintenant réévaluer, pour eux-mêmes, leurs besoins respectifs en termes de force et d'endurance.

Certes, une préoccupation esthétique en incite plusieurs à s'entraîner pour « se faire des muscles » : épaules accueillantes, biceps impressionnants, pectoraux lisses, mollets galbés... Même si de telles considérations laissent certains d'entre vous (relativement) de glace, sachez que votre équilibre corporel est foncièrement indissociable de votre force et de votre endurance. (Tout compte fait, ce type de « muscles » ne contribue pas nécessairement à une meilleure fonctionnalité.)

Il vous est peut-être déjà arrivé de vous lancer dans une opération qui dépassait vos capacités musculaires. Au bout d'un moment, vos muscles sur-sollicités ont été pris de tremblements, et vous avez ressenti une grande fatigue. « Je n'ai plus de force » ou « j'ai dépassé mes forces », avez-vous murmuré... Voyons de quoi il est question.

La force

De quoi parle-t-on?

La force, telle que définie par la documentation scientifique, est « la tension qu'oppose le muscle à une résistance ». Cependant, selon l'effort à fournir, cette *capacité des muscles à se mettre sous tension* est sollicitée de façon bien différente :

- déplacer un sac de 15 ou 20 kilos exige un effort intense mais de courte durée : c'est l'acception habituelle du terme force ;
- laver les murs d'une grande pièce requiert un effort moins grand, certes, mais plus soutenu : c'est ce qu'on appelle l'endurance.

La force dépend de la robustesse des muscles, qui doivent pouvoir tenir une *contraction maximale* au cours

N'est pas Rambo qui veut!

Il est bien inutile, voire dangereux en certains cas, de se fixer un modèle de très grande force. Il s'agit, pour chacun et chacune, d'estimer ses capacités et ses besoins, et d'agir en conséquence. Rien de moins, mais rien de plus.

Il y a contraction concentrique *lorsque les deux extrémités du muscle se rapprochent; par exemple, le biceps qui se gonfle lorsqu'on plie le bras avec force: il se raccourcit et devient plus volumineux en son centre. La même chose se produit sur le dessus de la cuisse lorsqu'on monte un escalier.*

Dans la contraction isométrique, *le muscle, resserré, conserve cependant sa longueur normale: le membre ne se déplace pas.*

Quant à la contraction excentrique, *c'est celle qui se produit sur un muscle en extension: vous tendez le bras pour déposer un livre dans la bibliothèque (les muscles s'étirent et se contractent en même temps).*

de laquelle sont recrutées d'un coup *toutes* les fibres musculaires. Pour tirer une lourde porte, ou encore soulever un sac de terre, on doit contracter les bras, stabiliser le tronc et les jambes, et s'opposer à la résistance de la porte ou du sac. Dans ce type d'effort, les muscles augmentent leur consommation d'oxygène et le rythme cardiaque s'accélère en conséquence. C'est pourquoi une telle contraction ne peut être tenue que relativement peu de temps.

Généralement, les muscles des jambes sont relativement forts, surtout lorsque leur propriétaire marche plus de 15 minutes par jour, ou pratique un sport comme la bicyclette ou le ski. Les muscles des bras, par contre, habituellement sollicités de façon moins intense, ont besoin de plus d'entraînement pour développer leur capacité optimale.

En principe, tant chez les hommes que chez les femmes, la force musculaire est à son maximum entre 20 et 30 ans; par la suite, elle décline progressivement, à cause de l'inactivité, du vieillissement, ou des deux. La diminution du taux de protéines musculaires qui survient alors provoque la réduction du volume même des muscles. Un entraînement d'intensité moyenne, tout au long de l'âge adulte, ralentira de beaucoup la dégénérescence de la masse musculaire.

Par ailleurs, à ceux qui seraient tentés de suivre un programme intensif de musculation, je conseillerais d'y penser à deux fois, parce qu'un exercice répété amène le développement de nouvelles fibres musculaires, qu'il faudra continuer à stimuler... On le sait, des muscles sous-utilisés s'atrophient (une personne alitée pendant plusieurs semaines doit «reconstruire» les muscles de ses jambes avant de se remettre à marcher). Ces nouvelles fibres, acquises à la sueur de votre front, ne feront pas exception, et si vous les négligez, elles laisseront bientôt leur place aux tissus adipeux.

Des muscles en excellente forme doivent pouvoir se contracter au moment de l'effort, maintenir la contraction le temps voulu, puis retrouver rapidement leur dimension initiale. Cette propriété, dite *élasticité,* étant fonction de la souplesse des muscles, il est essentiel de recourir à des exercices d'assouplissement (que nous verrons dans la section sur la souplesse) si on veut qu'elle se maintienne ou s'améliore.

Un gros effort musculaire exige un apport important d'oxygène, ce qui sollicite intensément le cœur. Il est donc dangereux d'accomplir de tels efforts si ce dernier n'est pas en forme.

À *quoi cela sert-il?*

La force des mains et des bras nous permet d'ouvrir les pots de confiture et de transporter les sacs d'épicerie ; celle des jambes, de grimper les escaliers jusqu'au quatrième étage. S'il vous arrive de manquer une marche dans ce fichu escalier, il vous faudra des biceps raisonnablement forts pour vous retenir à la rampe sans trop de mal ; dans le cas contraire, c'est l'épaule qui prend le coup, et vous voilà avec une luxation ou, pire, une déchirure des ligaments. Seuls des muscles entraînés sont capables d'accomplir ces gestes avec un minimum de fatigue et de récupérer rapidement (pensez aux lendemains de déménagement).

Dans un livre sur la psychologie de l'exercice, le chercheur et psychologue de l'activité sportive James Gavin suggère d'évaluer chacune des parties de notre corps (vous pouvez utiliser la subdivision du chapitre 2, *Structure: os et muscles*) pour déterminer laquelle ou lesquelles doivent être entraînées : « Quelle est la force

Quel est le seuil minimum de force ?
Le critère ultime, c'est celui de la survie : vous devez être capable de vous tirer d'un mauvais pas, ce qui peut signifier, par exemple, de hisser le poids de votre propre corps (hors d'une piscine, d'un trou, au-dessus d'un muret).

Les poids et haltères

Bien qu'ils ne soient pas indispensables, ces outils peuvent faire partie d'un programme de renforcement. Mais on ne s'improvise pas haltérophile.

- *Il faut respecter la stabilisation des épaules et du bassin, ainsi que l'alignement des membres.*
- *Il faut augmenter très progressivement les charges, et seulement dans la mesure où l'on contrôle les stabilisations mentionnées ci-haut.*
- *Leur effet se limitant à certains groupes de muscles, ils ne constituent pas un entraînement complet.*
- *Leur aspect répétitif peut être dommageable pour les articulations.*

des différentes parties de votre corps ? Assez de force pour accomplir les tâches que vous devez accomplir, et celles que vous aimeriez faire ? Vous pouvez évaluer chaque partie selon l'échelle suivante : surdéveloppée, extrêmement développée, adéquatement développée, sous-développée, faible. Votre évaluation sera subjective, en fonction de vos besoins et de votre mode de vie, mais devrait correspondre à un niveau raisonnable de bonne forme physique. Les adeptes de la musculation se retrouvent généralement dans les catégories surdéveloppée ou extrêmement développée, parce que leur force musculaire dépasse ce qui est nécessaire dans l'existence[1]. »

Sans pour autant devenir un haltérophile, chacun d'entre nous se doit d'obtenir et d'entretenir un minimum vital de force. Les exercices et les appareils sont, bien sûr, d'un grand secours, mais les activités quotidiennes offrent aussi plusieurs occasions de mettre ses muscles à l'épreuve. Ce n'est donc pas toujours une bonne idée de rechigner devant l'effort !

Mais attention : des muscles volumineux ne constituent pas nécessairement des muscles forts. « Certaines méthodes, type culturisme, provoquent une augmentation importante du volume sans grande augmentation de la force, car c'est une vasodilatation capillaire qui en est responsable et non le développement des unités motrices de réserve, celui-ci ne pouvant pas être induit par de faibles résistances[2]. »

La préparation à l'effort

Tout exercice de force doit toujours être associé à une bonne posture. Pour que les leviers musculaires soient efficaces (tant pour tirer ou pousser que pour soulever), il faut que le corps soit placé correctement. Sinon, on impose un stress important aux articulations et aux tendons des muscles, ce qui peut causer une tendinite, un claquage ou un spasme musculaire.

La force tient non seulement au bon état des fibres musculaires, mais aussi au degré de préparation à l'effort. Au cours d'un atelier d'autodéfense, nous avons vu 23 femmes de toutes constitutions fendre une planche de bois du travers de la main... Auparavant, l'animatrice avait d'abord insisté sur la nécessité de bien respirer, et sur la manière de se tenir et de placer la main afin que l'impact se fasse au bon angle ; puis, elle avait longuement pris soin de préparer psychologiquement les femmes à un tel effort. C'est ainsi que toutes les participantes, sans exception, ont réussi ce qu'elles considéraient comme un « tour de force » hors de leur portée.

Micheline

Une de mes élèves, âgée de 45 ans et de petite constitution, a récemment planté chez elle trente thuyas. Le lendemain, elle s'est présentée à son cours en disant ne ressentir aucune courbature ! Comment est-ce possible ?

- *Elle pratique régulièrement une activité d'entretien de la musculature, en l'occurrence la Gymnastique sur Table.*
- *Avant chaque geste, elle prenait soin d'évaluer la situation, puis de se placer adéquatement (posture) en fonction de l'effort à fournir.*
- *Après cette journée de travail harassant, elle a procédé aux étirements nécessaires pour redonner à ses muscles leur élasticité et leur alignement.*

Une bonne technique, donc, est indispensable lorsqu'on veut exploiter au maximum ses biceps, triceps et autres « ceps » sans se blesser. Est-ce que cela signifie que, dans les situations d'urgence, lorsqu'on n'a pas le temps de se préparer à l'effort, il y aura fatalement blessure ? Non pas, si le corps est bien entraîné, car il possède alors non seulement l'énergie nécessaire, mais également les automatismes capables de prendre le relais. Chaque fois que nous déployons notre force avec technique et intelligence (dans un geste banal aussi bien que pour un exercice de renforcement), nous éduquons nos muscles ; pris par surprise, ils trouveront alors, presque à coup sûr, la position adéquate.

Faibles ou fortes, les femmes?

La ségrégation au travail tend à disparaître, et de nombreux métiers, comme la sylviculture ou le camionnage, ne sont plus réservés aux hommes ; toutefois, quand vient l'heure de choisir une activité professionnelle ou sportive, les femmes ont encore à tenir compte, malgré tout, de leur physiologie particulière, fort différente de celle de leurs partenaires – et à plusieurs égards, on s'en doute –, notamment en ce qui concerne leur musculature et la souplesse de leurs articulations.

Les hormones mâles fournissent à l'organisme masculin tous les éléments nécessaires au développement de sa force musculaire. Par contre, la femme qui veut miser sur ce potentiel – c'est le cas des culturistes – doit s'astreindre à un entraînement laborieux et s'armer de persévérance (ou de substituts hormonaux), pour des résultats comparativement décevants. Ce qui fait que, à taille et à poids égaux, les hommes seront toujours plus forts, comme le démontrent les compétitions sportives – telles que le lancer du javelot, évidemment, mais aussi le tennis et même le golf.

Par ailleurs, pour que la force s'exerce au mieux, il faut que les leviers musculaires opèrent sur des articulations compactes ; les hommes sont également favorisés sur ce point, car leurs capsules articulaires sont plus fermes (l'envers de la médaille étant leur manque de flexibilité). Or, la physiologie et le système hormonal des femmes les prédisposant à la grossesse et à l'accouchement, il importe que leurs articulations soient souples, capables d'une grande mobilité. Des photos prises toutes les trois semaines pendant la grossesse d'une femme ont révélé que cette mobilité articulaire ne se limitait pas à l'ouverture (relative) du bassin au moment de l'accouchement, mais que l'organisme tout entier subissait d'importantes modifications tout au long du processus[3].

De façon générale, dès lors que s'accroît la force musculaire d'une femme, c'est au détriment de l'élasticité de tout son organisme. On a remarqué depuis longtemps que les femmes qui sont astreintes à de durs travaux, ceux des champs par exemple, sont plus massives, et leurs tissus moins souples. Quant à celles qui suivent un entraînement intensif, notamment en vue de quelque compétition sportive, leurs muscles réclament alors un surplus d'hormones mâles (la testostérone, que sécrète aussi l'organisme féminin, mais dans une moindre proportion). Ce déséquilibre peut provoquer l'arrêt des menstruations ou même, parfois, le développement du système pileux. Il s'agit là de cas extrêmes cependant, qui n'ont rien à voir avec un entraînement raisonnable. Le tout est dans la mesure : « Si peu est bon, beaucoup n'est pas toujours meilleur. »

Programmer ses muscles

Les exercices qui renforcent les muscles développent aussi leurs réflexes ; par la suite – dans les tâches quotidiennes comme en état d'urgence –, ceux-ci interviennent naturellement et correctement.

Le croiriez-vous ?

Plusieurs individus n'obéissent pas aux directives connues de l'hygiène dentaire... parce que c'est trop fatigant ! Pour se brosser les dents, il faut, en effet, tenir le bras dans une position anti-gravitationnelle pendant deux ou trois minutes, ce qui demande de l'endurance !

Avez-vous l'habitude de vous appuyer sur la table ou le bureau pour vous lever de votre chaise ? Vous privez ainsi les muscles de vos jambes et de votre bassin d'un bon exercice.

Une histoire de survie

Lors d'un accident de traversier survenu en mer du Nord, il y a une quinzaine d'années, un certain nombre de personnes avaient survécu grâce à des bouts de bois auxquels elles avaient pu s'agripper. Or, les recherches médico-légales ont révélé que, dans un groupe de personnes du même âge, ce sont celles dont la musculature était la plus développée qui avaient survécu.

Les femmes, en fait, sont souvent des « sous-douées » des bras et devraient absolument y voir, pour des raisons d'autonomie, sinon d'autodéfense. Sauf exception, aucune raison physiologique ne justifie qu'une femme adulte et en santé soit incapable de soulever un sac de ciment, ou de se hisser hors d'une piscine. « Je ne suis pas assez forte » est une excuse dont plusieurs s'accommodent, malheureusement. Des exercices adéquats peuvent pourtant opérer une transformation remarquable.

Avantagés au départ, les garçons possèdent un autre atout : ils commencent très tôt à entretenir leur musculature – grâce à leurs jeux plus rudes, mais aussi à tout ce qu'ils font « comme papa ». Pendant ce temps, les petites filles ne reçoivent guère d'encouragement en ce sens. On pourrait presque dire que la « faiblesse » de leur sexe est, en bonne partie, celle d'une certaine culture... qui leur transmet une perception de leur capacité bien en deçà de la réalité.

L'endurance

Comme je l'ai dit plus haut, une contraction moyenne (sous-maximale) sur une longue période relève de l'*endurance*. Mais qu'est-ce qu'un effort de « longue durée » ? À Montréal, tous les ans, des adeptes de la marche rapide se rassemblent pour une activité appelée *Marchons Montréal*: 125 kilomètres à pied, au rythme de 6 km/heure – ce qui prend exactement 25 heures (incluant plusieurs pauses de 30 ou 40 minutes). Un facteur marche une quinzaine de kilomètres par jour avec son sac postal, en plus de monter les étages. Les coiffeurs travaillent toute la journée les bras à la hauteur des épaules... Ces petits exploits ne requièrent pas une très grande force, mais sûrement beaucoup d'endurance, car c'est leur durée qui est exigeante pour les muscles, comme d'ailleurs nombre de nos gestes quotidiens.

De la même façon que l'effort qui dépasse la capacité maximale de vos muscles moteurs les laisse tremblants et épuisés, une session prolongée à l'ordinateur, par exemple, ou toute autre posture tenue longtemps éreinte les muscles de soutien. Comme quoi le travail d'intensité moyenne ou minimale a tout à gagner, lui aussi, d'un bon entraînement.

Car, même quand le corps est immobile, l'organisme, lui, n'est jamais au repos : tout un ensemble de muscles restent à l'œuvre pour maintenir son équilibre. Il est donc essentiel de leur conserver le meilleur des tonus afin qu'ils puissent exercer le plus longtemps possible leur activité de soutien... L'ankylose matinale du dos ou des épaules, par exemple, est souvent reliée à un manque d'entraînement des muscles profonds, entraînement qui ne s'effectue pas à l'aide d'appareils de musculation, mais avec des exercices d'amplitude articulaire réduite, c'est-à-dire des petits mouvements, lents et contrôlés. Le maintien de la posture juste est d'ailleurs un fort bon exercice pour ces muscles.

Pensons encore à la sécurité : se tenir, se suspendre, repousser, grimper... Qu'il faille s'agripper à une embarcation chavirée ou marcher cinq heures pour sortir d'une forêt, notre endurance peut nous sauver d'un accident malheureux.

C'est peut-être à force de pétrir le pain que les grands-mères démontraient autrefois une si bonne poigne ! Mais on ne fait plus guère de pain à la maison et, sauf peut-être l'essoreuse à salade, tous les appareils domestiques sont de nos jours électrifiés. Heureusement, il reste encore de nombreuses tâches qui demandent « du muscle ».

Mise en garde

Certains problèmes – hernies discales, entorses à répétition, troubles cardiaques – peuvent constituer un empêchement à l'entraînement. On doit alors suivre l'avis du médecin. Cela dit, ce n'est pas une raison pour laisser l'ensemble de l'organisme s'atrophier et dépérir... Il suffit de trouver un programme d'entraînement personnalisé, adapté à la situation.

PRATIQUES QUOTIDIENNES

Les tâches courantes

- laver les plafonds ou les fenêtres (changer régulièrement de bras).
- secouer une douillette, des couvertures.
- prendre un enfant dans ses bras.
- pousser les meubles (attention à la posture).
- porter un lourd plateau.
- fouetter la crème ou faire une mayonnaise au batteur à main.
- faire du vélo sur une pente légèrement ascendante.
- monter et descendre les escaliers.
- s'accroupir pour ramasser un objet et se relever sans appui extérieur.

Pour renforcer les bras

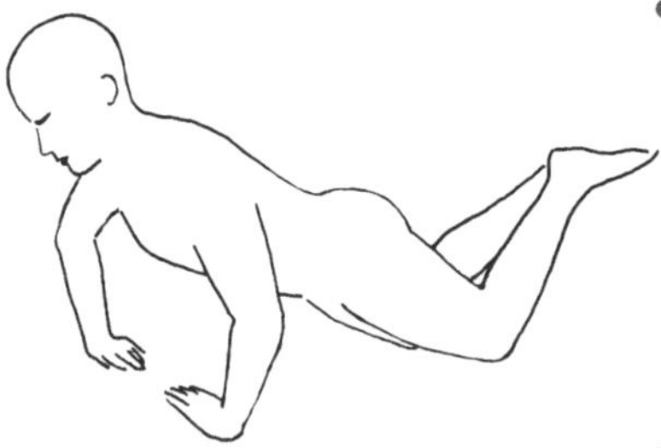

- Exécuter une série de redressements sur les bras (*push-ups*), les mains vers l'intérieur, en maintenant le bas du dos bien droit (sans creux entre les omoplates ou dans le bas du dos). Je vous suggère de faire les redressements en repliant les genoux ; c'est plus sécuritaire pour le dos.
- Garder les épaules stables et tenir le milieu du dos, fléchir les bras à partir des coudes et non des épaules.
- S'assurer de forcer des bras, et non du cou ou du milieu du dos, entre les omoplates.
- Cesser quand vous ressentez de la chaleur dans les muscles ; on peut reprendre dès que les muscles sont reposés.

Si l'exercice précédent est trop difficile ou vous fait mal au dos, essayez plutôt celui-ci :

- S'accroupir sur le bout des pieds, les mains par terre sous les genoux et tournées l'une vers l'autre.
- Prendre appui sur les bras, sans creuser le dos entre les omoplates.
- Tenir quelques secondes le poids du corps sur les bras (imaginez que vous allez prendre équilibre la tête en bas et les pieds au plafond). Si vous avez mal aux poignets dans cette position, vous pouvez faire cet exercice en vous appuyant sur les poings fermés (posés sur un coussin).

Pour développer l'endurance

Deux fois par semaine, pratiquez une activité physique d'intensité moyenne (marcher d'un bon pas, passer l'aspirateur dans toute la maison) pour une période ininterrompue d'au moins une heure. Graduellement, vous sentirez une énergie plus grande.

Comment la souplesse vient aux chats

Ils ouvrent les paupières très lentement, jaugent la situation d'un air détaché, et, d'un seul élan, sautent en bas de leur trône sans aucun bruit. Bien appuyés sur leurs pattes arrière, ils procèdent alors au rituel félin par excellence : allonger les pattes avant, le cul en l'air, la colonne suivant une longue courbe. On jurerait qu'ils ont doublé de taille ! Puis, ils font l'inverse pour étirer les pattes arrière, les chevilles en position fléchie, leurs coussinets plantaires bien au sol. Après ce petit exercice, les voilà dangereusement prêts pour l'action !

LA SOUPLESSE

Bien des petits et grands enfants rêvent d'être danseurs de ballet, acrobates, fildeféristes... Fantasme de liberté, désir d'évasion dans un univers où l'on défie allègrement la gravité et les contraintes corporelles.

Or, la souplesse corporelle apporte justement cette liberté, ce sentiment de légèreté. À l'inverse, la difficulté qu'on a à enfiler un manteau, à sortir d'une voiture, ou même à se pencher « alourdit » considérablement le quotidien. Quand le geste est diminué, la frustration est souvent immense. Par ailleurs, se pourrait-il qu'une grande mobilité favorise une attitude ouverte face à la vie et à ses imprévus ? C'est, en tout cas, ce que soutiennent certains maîtres de yoga...

Les recherches sur la physiologie du muscle – qui se sont surtout déroulées dans le cadre de l'entraînement sportif – ont démontré divers aspects bénéfiques des exercices d'étirement à cet effet :

- ils augmentent l'amplitude des mouvements, les rendant ainsi plus efficaces ;
- ils préparent les muscles à l'effort en réchauffant l'appareil locomoteur ;
- ils favorisent une meilleure récupération en produisant un drainage circulatoire (élimination des toxines) et en rééquilibrant le tonus musculaire[4].

Comme la plupart des mouvements provoquent la contraction d'un muscle en même temps que l'élongation de son antagoniste – quand on soulève une jambe, le quadriceps (à l'avant de la cuisse) se contracte et l'ischio-jambier (à l'arrière) s'allonge –, les étirements servent aussi à rétablir l'équilibre des tensions entre agonistes et antagonistes. De plus, ils entretiennent et prolongent la qualité de leur élasticité, de même que celle des tissus tendineux et ligamentaires.

Bien qu'ils se pratiquent en douceur, les étirements ne sont pas réservés aux mauviettes et ne compromettent en rien la force des muscles ; au contraire, plus les muscles gardent leur élasticité, mieux leur force est préservée.

C'est, de plus, une excellente habitude à prendre que d'utiliser cette approche en guise de réchauffement, puis de récupération, avant et après quelque pratique sportive que ce soit. Un entraînement prudent devrait même comprendre des étirements choisis spécifiquement en fonction des muscles les plus sollicités au cours de l'activité en question.

Ouch !
Les muscles qui manquent d'élasticité souffrent plus facilement de crampes pendant et après l'effort.

L'amplitude articulaire

Les coudes, les genoux et les doigts plient, les épaules et les hanches tournent, les vertèbres glissent ; certaines articulations – chevilles, poignets, pieds – se composent de plusieurs os qui s'articulent entre eux pour accomplir des mouvements de diverses amplitudes et dans plusieurs directions.

Le degré d'amplitude articulaire dépend à la fois de la structure osseuse de chacun et du caractère des mouvements imposés à cette articulation. Bougez votre petit doigt vers l'arrière ; même si vous demeurez impassible devant la douleur provoquée par l'étirement des tissus mous, vous devrez arrêter le geste à un certain point, au risque de voir un os se déplacer. Ce point de blocage osseux, qui ne peut être repoussé, n'est cependant pas le même pour tous. Mais si votre geste est arrêté par une douleur avant d'avoir atteint ce point, ce sont alors les muscles ou leurs ligaments qui supportent mal l'étirement ; il est probable que des exercices vous permettront de les assouplir.

De la même façon que les mouvements – même simples – requièrent le concours d'une série de muscles (chaîne musculaire), la plupart d'entre eux sollicitent aussi plus d'une articulation. Lorsqu'on se penche vers l'avant, toutes les articulations vertébrales ainsi que celles des hanches sont mises en action ; pendant ce temps, les muscles antérieurs du tronc – dont le psoas, les obliques et le droit de l'abdomen – sont contractés, alors que les muscles postérieurs – ceux de la colonne vertébrale, les ischio-jambiers et les mollets – sont étirés. On pourrait comparer ce système à une grue mécanique ; un corps souple possède des poulies et des chaînes bien huilées. Malheureusement, pour plusieurs, le « manque d'huile », par défaut d'entraînement, se fait cruellement sentir.

Les articulations sont enveloppées par une capsule qui protège et maintient en place leurs composantes, soit les surfaces osseuses, les tendons et les ligaments. Les capsules sont lubrifiées par la synovie, un liquide que sécrète la membrane de leur paroi intérieure (dite membrane synoviale). Cependant, le bon fonctionnement d'une articulation dépend aussi de l'élasticité des ligaments et des tendons qui, comme les muscles, peuvent être assouplis.

Lorsque les muscles manquent d'élasticité, les ligaments absorbent tout le stress des mouvements. Des articulations surtaxées finissent par s'user, ce qui se manifeste notamment par des douleurs parfois intenses dans les hanches, les genoux, le dos et, surtout, les épaules.

Le sur-étirement des ligaments eux-mêmes (dû à de mauvaises postures ou à une mauvaise technique d'entraînement) engendre une instabilité articulaire qui peut dégénérer en entorse, avec ou sans déchirure des tissus.

Certains individus sont nés avec des ligaments très souples, d'où leur grande mobilité articulaire. C'est le cas des contorsionnistes, par exemple ; mais il n'y a pas lieu de prendre ces athlètes comme modèles, puisqu'ils bénéficient d'une morphologie exceptionnelle. D'autres, par contre, souffrent du phénomène inverse : des articulations dont la mobilité est réduite.

Position de contrôle

Attention : cette position n'est pas un exercice, mais sert seulement à mesurer le degré de souplesse. Ne pas exécuter si vous ressentez des douleurs.

La posture illustrée dans le schéma ci-contre permet de situer les zones de raideur dans les orteils, chevilles, genoux, hanches et épaules. Il s'agit de s'asseoir entre ses pieds, chevilles en extension (ou pieds en flexion-rotation externe), dos droit, et de croiser les mains derrière la nuque. Il faut faire un peu de réchauffement auparavant, et *ne jamais forcer!* – car cette position est assez contraignante pour les ligaments. Toute gêne ou crispation est l'indice d'un point de tension musculaire ou ligamentaire.

La plupart des hommes possèdent un corps plus raide et plus compact que les femmes. L'expérience m'a appris à ne pas exiger d'eux un trop grand assouplissement, surtout en ce qui concerne les muscles du dos et les ligaments de la colonne vertébrale. La souplesse est propre à chacun. Toucher le sol de ses mains sans plier les genoux, ou encore, en position assise, passer une jambe par-dessus la tête témoignent d'une bonne souplesse, mais ces prouesses ne peuvent, et ne doivent surtout pas être accomplies par tous. Les étirements sont utiles et nécessaires, car ils entretiennent les qualités élastiques des tissus, mais seulement s'ils respectent la morphologie de chacun ; au-delà d'un certain point, ils deviennent dangereux.

Quant aux personnes dotées d'articulations trop lâches, elles sont sujettes à certains problèmes particuliers, comme une plus grande susceptibilité aux entorses et aux foulures. Il leur faut, plus que d'autres, entraîner régulièrement leurs muscles afin d'en augmenter la tonicité et l'élasticité. La plupart des gens, toutefois, se situent dans une zone intermédiaire et doivent, à la fois, assouplir leurs articulations et étirer leurs muscles.

Une articulation douloureuse révèle évidemment un problème, qui peut être de trois ordres :

- problème inflammatoire (arthrite) ;
- étirement excessif par accident (entorse, déchirement musculaire) ;
- usure reliée à un mouvement répétitif (capsulite, tendinite, bursite).

Avec l'âge

Les enfants s'adonnent facilement à des cabrioles de toute nature sans avoir à s'entraîner ; la plupart des adultes, par contre, seraient bien en peine de faire la moindre pirouette. C'est que la souplesse articulaire est à son maximum entre 2 et 13 ans. Au fur et à mesure que les enfants grandissent, leur force musculaire augmente, ce qui donne des articulations plus solides, mais aussi moins souples. C'est pourquoi il serait bon de convaincre les adolescents de mettre à leur horaire un programme d'étirement car, après la puberté, il est déjà plus difficile d'augmenter son potentiel de souplesse. Pourtant, avec un entraînement modéré et sécuritaire, ils pourraient s'éviter non seulement un trop grand durcissement de leur masse musculaire, mais aussi, bien des blessures sportives...

Dès le début de la vingtaine, tout l'organisme se fait moins souple : les membranes articulaires commencent à perdre de leur pouvoir lubrifiant et les tissus mous, de leur élasticité. Ce qui ne veut pas dire qu'il faille abandonner pour autant les exercices d'étirement. Et encore moins à 35 ou 50 ans... Car, s'il est impossible d'acquérir une souplesse nouvelle, on peut quand même s'efforcer de conserver celle qui nous reste !

Prenons par exemple la flexibilité (vers l'avant) de la région lombaire : pour la moyenne des gens, jusqu'à 50 ans, elle est d'environ 43 degrés, alors qu'après 65 ans, elle n'est plus que de 24 degrés, soit près de la moitié moins. Quant à la possibilité d'inclinaison latérale de cette même région, elle a été réduite du tiers dans le même laps de temps. Les autres articulations – cou, épaules, chevilles, etc. – perdent également de leur amplitude naturelle avec l'âge[5].

Certes, la ménopause et l'andropause sont des périodes de transformation ; acquérir de nouvelles habitudes réclame une grande énergie – davantage mentale que physique, d'ailleurs. Mais, à l'encontre de la gymnastique aérobique classique, les exercices d'étirement n'agressent pas l'esprit et le corps. Au contraire, je dirais même que ces moments d'arrêt, qui exigent de la concentration, de l'intériorisation, nous disposent à mieux tolérer les désagréments inhérents à la transformation physique que nous vivons.

Même entrepris à un âge avancé, les exercices d'assouplissement peuvent ralentir la perte d'amplitude articulaire.

Puis vient la vieillesse, et peut-être l'arthrite, l'arthrose, l'ostéoporose... Le fait que les déformations osseuses que ces maladies occasionnent sont inévitables constitue une raison de plus pour entretenir une souplesse articulaire qui viendra contrer la perte de mobilité.

Encore une fois, l'expérience m'a appris que les personnes qui souffrent d'arthrose cervicale ou lombaire doivent être très prudentes dans les étirements, au risque de provoquer l'inflammation d'une articulation. Certes, les étirements sont nécessaires au maintien de leur mobilité, mais il leur faut en limiter l'intensité et la durée. En principe, on calcule que, pour être efficace, un étirement doit durer de 20 à 30 secondes ; cependant, les résultats obtenus dans plusieurs cas d'arthrose avec des exercices de moins longue durée, mais plus souvent repris, sont très encourageants. Et ici encore, un bon contrôle respiratoire augmente l'efficacité des étirements.

Qu'est-ce que le stretching ?

Le verbe anglais *to strech* veut dire « étirer ». C'est dans les années 70 qu'un entraîneur américain du nom de Bob Anderson a popularisé le *stretching,* une méthode de conditionnement physique qui consiste en une série d'étirements pour l'ensemble du corps. Ces élongations lentes et progressives des muscles sont effectuées sans aide extérieure, simplement grâce à l'action de la pesanteur, ou à celle du sujet lui-même, qui étire la musculature :

« Étirement simple, 20 à 30 secondes, ne forcez pas ! Persévérez seulement jusqu'à éprouver une légère tension, puis relaxez-vous en gardant la position. La tension devrait alors disparaître. Après ces préliminaires indispensables, passez à l'étirement complet. Là encore, pas de *forcing*. Bougez millimètre par millimètre. Dès que vous sentez à nouveau une légère tension, gardez la position 30 secondes. Respirez lentement. » (Anderson)

Le stretching, qui n'est plus réservé exclusivement aux clubs d'entraînement sportif, connaît une vogue certaine : plusieurs livres d'exercices pour le grand public lui ont déjà été consacrés, sans compter les vidéocassettes. Toutefois, les programmes qui y sont proposés sont souvent d'un niveau de difficulté assez élevé et s'adressent à des gens déjà actifs. Si ce n'est pas votre cas, attention ! Il faut se fixer des objectifs simples et non rechercher la performance ; c'est ainsi qu'on repousse *graduellement* ses limites.

Conditions pour réaliser des étirements efficaces et sécuritaires

- Les articulations, les ligaments et les muscles gagnent à être d'abord réchauffés par de petits mouvements sans amplitude, rapides et détendus, ce qui augmente le débit sanguin (petites rotations, petits fléchissements).
- Pour que les muscles atteignent leur pleine longueur dans les étirements, il faut tenir la position pendant une période de 20 à 30 secondes.
- Il faut respirer profondément et, surtout, expirer à fond dans l'étirement, pour que les muscles se relâchent progressivement.
- Mon conseil personnel : garder l'esprit présent ; soulager ses tensions est un plaisir qu'on ne devrait pas bouder...

Au début d'un programme d'assouplissement, il est important d'être attentif aux sensations qui se manifestent pendant les exercices ;

Sachez que pour garder une souplesse optimale, vous devez adopter un entraînement régulier et constant. Pour de bons résultats, on recommande des sessions complètes (couvrant tout le corps) deux fois par semaine.

- au début de l'étirement, on ressent une résistance musculaire due au réflexe de protection : il faut respecter ce réflexe, ne pas forcer, et augmenter très progressivement l'étirement, en durée et en intensité ;
- quand on sent une résistance osseuse, on n'essaie pas d'aller plus loin dans le mouvement ;
- quand on sent une brûlure dans l'articulation, c'est que le ligament ou le tendon est trop étiré : il faut réduire l'amplitude ;
- quand on sent un pincement ou de l'engourdissement dans le membre, c'est qu'un nerf est pincé ou trop étiré : il faut relâcher immédiatement.

Avant de choisir un programme d'étirements, il importe de bien se connaître, de tenir compte de sa morphologie et de ses anciennes blessures, et surtout, de se donner des objectifs réalistes.

PRATIQUES QUOTIDIENNES

Même si vous suivez un programme d'assouplissement, vous pouvez profiter de vos occupations régulières pour faire un petit cinq minutes d'étirements par-ci, par-là; en prime, vous gagnez un soulagement des tensions et une distraction fort bénéfique pour le moral.

Au téléphone

- Au lieu de croiser les jambes de la manière habituelle, posez un pied sur le genou et appliquez une pression sur le genou plié pour le tenir aussi bas que possible : sentez l'étirement dans la fesse et l'extérieur de la cuisse. Alternez. (Présenté dans le chapitre *Posture*, page 114.)

Au moment de la toilette

- Dans la douche : lavez-vous le milieu du dos avec une main, puis l'autre.
- Lorsque vous mêlez l'huile de bain à l'eau de votre baignoire, faites tracer un huit à votre main ; tant le poignet que le coude et l'épaule sont engagés dans ce motif sinueux qui sollicite tous les éléments des articulations et toute la chaîne musculaire du bras et de l'épaule. Évidemment, refaites le geste avec l'autre main.
- Lavez vos pieds dans le lavabo (un après l'autre !), ce qui est excellent pour les ischio-jambiers, les pelvi-trochanteurs et même le psoas de la jambe d'appui.
- Remontez vous-même la fermeture éclair à l'arrière de votre robe.

En regardant la télévision

Si vous êtes capable de vous asseoir par terre, vous êtes en mesure de pratiquer à peu près tous les étirements nécessaires au bon entretien de votre souplesse et de votre flexibilité. Dans les pages qui suivent, vous trouverez une série complète d'étirements.

Série complète d'étirements pour entretenir votre souplesse[6]

Avant de vous mettre aux étirements, j'insiste sur la nécessité d'obtenir une bonne évaluation posturale et de participer à au moins quelques séances de stretching avec un moniteur qualifié ; il est, en effet, très important de connaître les postures justes, de même que le degré d'intensité à donner à vos mouvements sans risquer de vous blesser. De plus, les étirements se pratiquent de pair avec un contrôle de la respiration, qu'il faut aussi apprendre à maîtriser.

Le premier objectif de ce type d'exercices est de maintenir les tissus souples. Dans un deuxième temps, on peut tenter d'amener le corps à son plein potentiel de souplesse, fort différent d'un individu à l'autre, mais on ne peut pas le lui faire dépasser.

Tous les étirements ci-dessous peuvent être pratiqués une, deux ou trois fois de suite.

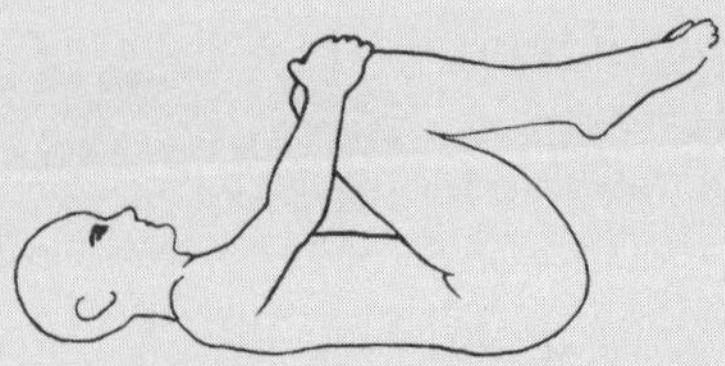

Le dos

- S'étendre sur le sol.
- Ramener un genou sur la poitrine, en gardant la fesse bien appuyée au sol.
- Inspirer profondément ; sur l'expiration, tirer le genou vers l'épaule sans lever la fesse.
- Tenir 30 secondes en respirant régulièrement ; rentrer le ventre au moment des expirations. Refaire avec l'autre jambe. Précaution : Maintenir tout le dos bien au sol.
- Ramener les deux genoux sur la poitrine, les deux mains sur les genoux.
- Inspirer profondément ; à l'expiration, tirer les genoux vers les épaules en soulevant les fesses.
- Tenir 5 secondes puis relâcher. Précaution : Tenir les épaules abaissées (vers les hanches) et le menton baissé.

Les muscles des fesses et du bassin

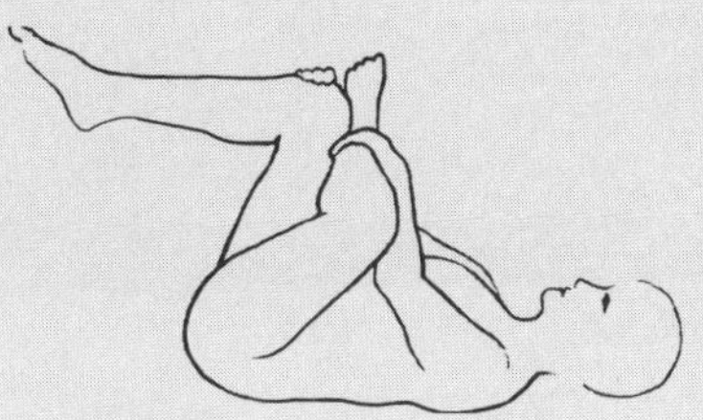

- Croiser la jambe gauche sur la droite, la cuisse gauche en ouverture sur le côté.
- Avec la main droite sous le genou droit, ramener la cuisse vers l'épaule droite.
- Tenir 20 à 30 secondes en respirant régulièrement ; changer de jambe.

  Précaution : s'il vous est trop difficile de soulever vos jambes, gardez le pied droit au sol et le genou gauche appuyé en ouverture.

Les muscles du bassin

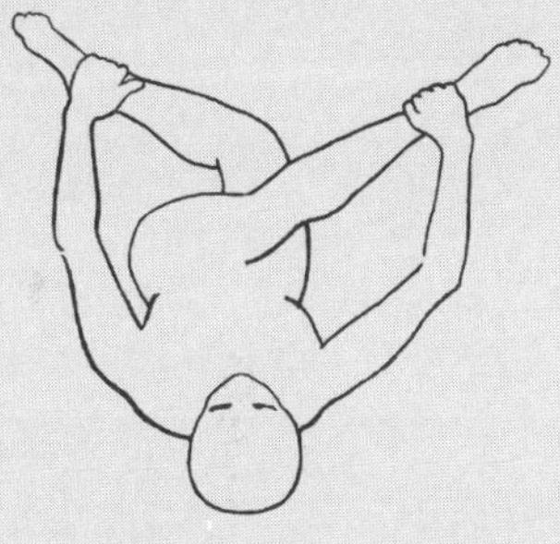

- Croiser les deux jambes en X.
- Tirer les tibias vers les épaules (la jambe du dessus s'étire plus que celle du dessous).
- Tenir 30 secondes en respirant régulièrement ; changer de jambe.

  Précaution : ne pas faire si vous avez des douleurs aux genoux ou aux hanches.

Le devant des cuisses

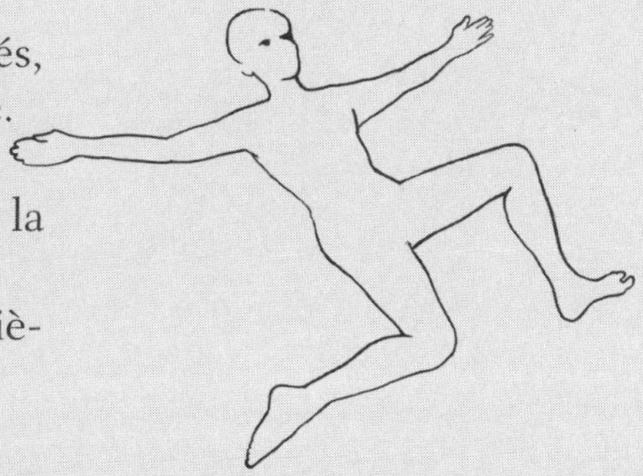

- Sur le dos, les bras en croix, les genoux pliés, placer les deux pieds écartés en ouverture.
- Tourner la cuisse droite vers l'intérieur (vous sentirez l'étirement sur le dessus de la cuisse et le devant de la hanche).
- Tenir 15 à 20 secondes en respirant régulièrement, le ventre bien rentré ; changer de jambe.

  Précaution : ne pas faire cet exercice si vous ressentez des douleurs aux genoux. Garder la région lombaire bien collée au sol.

La taille, les hanches et le dos

- Sur le dos, les bras en croix, ramener les genoux pliés sur la poitrine.
- Abaisser le genou gauche vers la gauche, puis laisser le genou droit suivre jusqu'au sol.
- Placer la main gauche sur le dessus de la cuisse droite.
- Inspirer longuement, expirer tout d'un coup.
- Tenir le temps de 3 respirations complètes, puis changer de côté.

  Précaution : garder les genoux dirigés vers l'épaule et ne pas creuser le dos. Si vous n'arrivez pas à abaisser les genoux jusqu'au sol, soutenez-les avec la main du même côté.

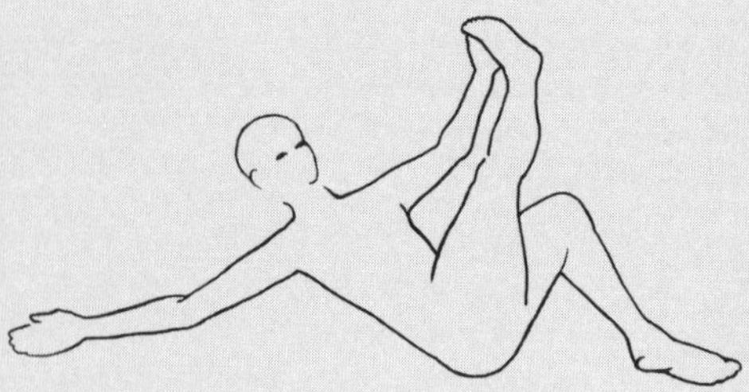

Les hanches, les cuisses et les jambes

- Sur le dos, les bras en croix, ramener les genoux pliés sur la poitrine.
- Abaisser le genou gauche vers la gauche, prendre le pied de la jambe droite dans la main gauche et tendre progressivement la jambe.
- Expirer longuement pendant l'étirement de la jambe.
- Tenir le temps de 3 respirations complètes, puis changer de côté.

  Précaution : ne pas faire cet exercice si vous souffrez d'une douleur sciatique, d'une entorse lombaire ou d'une hernie discale.

Le tronc et la taille

- Assis au sol, genoux ouverts, plantes des pieds collées, placer la main droite sur le sol.
- Incliner la tête vers la droite et tendre le bras gauche vers le haut, en étirant la taille, sans soulever la fesse.
- Inspirer longuement, expirer en pratiquant l'étirement axial (allongement du dos).
- Tenir le temps de 3 respirations complètes puis changer de côté.

  Précaution : si vous avez mal au dos, ne pas faire cet exercice ou réduire l'amplitude de l'inclinaison.

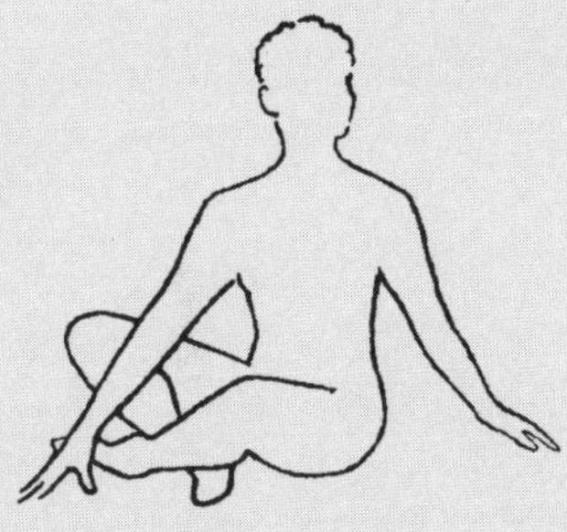

- Assis au sol, les jambes croisées, placer la main droite devant et la main gauche derrière.
- Tourner les épaules et le torse vers la gauche sans déplacer les hanches.
- Inspirer et expirer longuement en pratiquant l'étirement axial.
- Tenir le temps d'une respiration complète, puis changer de côté.

  Précaution : ne pas forcer l'amplitude de la rotation. Garder les épaules basses et les deux fesses au sol.

Le dos et les jambes

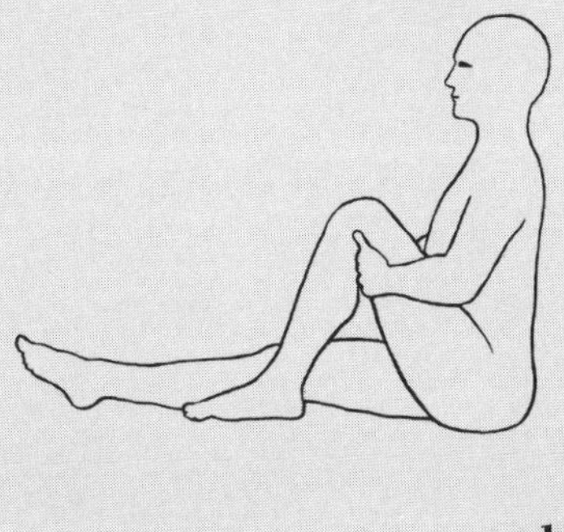

- Assis, la jambe droite allongée, tenir la jambe gauche sous le genou avec les deux mains, en pratiquant l'étirement axial.
- Inspirer et expirer longuement en pratiquant l'étirement axial.
- Tenir 5 à 6 secondes, puis changer de jambe.

Précaution : bien monter le bas du dos. Garder les épaules basses.

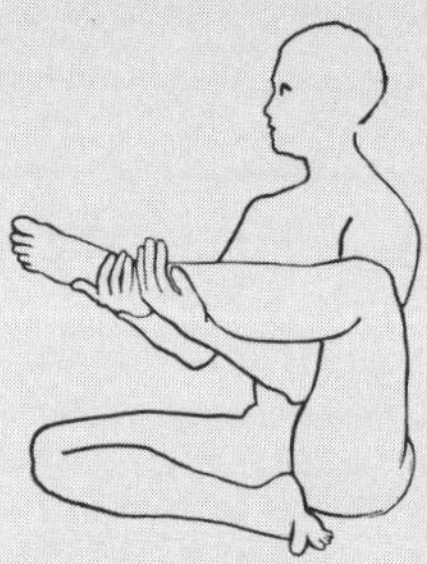

Les fesses et les cuisses

- Assis au sol, les jambes croisées, prendre le tibia gauche dans les mains et le ramener vers le buste.
- Respirer régulièrement.
- Tenir 15 à 20 secondes, puis changer de jambe.
  Précaution : garder les deux fesses au sol, les épaules basses et le dos très droit.

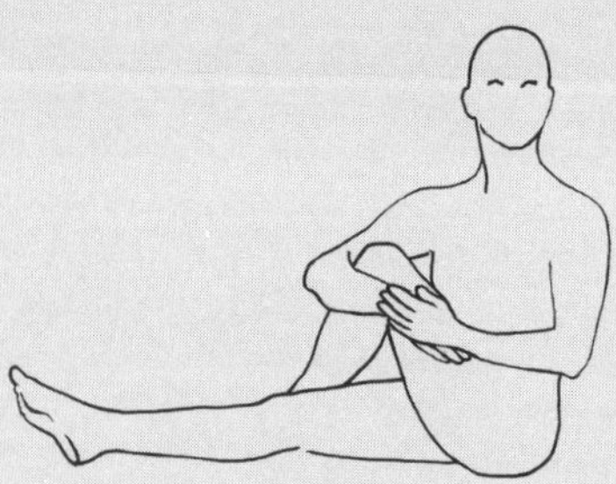

Les fesses, les cuisses et le tronc

- La jambe droite tendue, déposer le pied gauche de l'autre côté de la cuisse droite, en gardant les deux fesses bien au sol.
- Encercler le genou gauche avec le bras droit.
- Ramener le genou gauche vers l'épaule droite.
- Respirer régulièrement en maintenant le dos en étirement axial.
- Tenir 15 à 20 secondes puis changer de jambe.

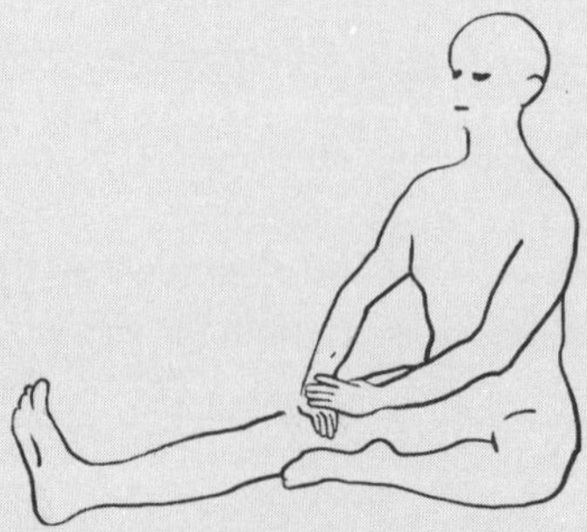

Les cuisses et les mollets

- La jambe droite tendue devant, la jambe gauche fléchie en ouverture sur le sol, pied vers la jambe droite, placer les deux mains en appui sur le dessus du genou droit.

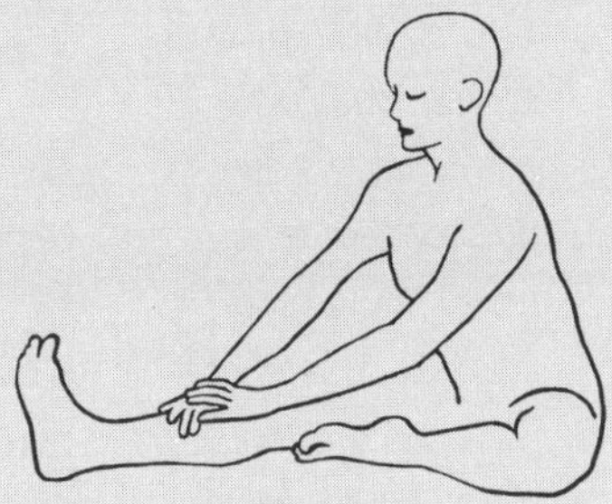

- Inspirer au repos, expirer en procédant à un étirement axial maximal et à l'étirement de la jambe tendue (ramener le dessus du pied vers soi). Vous devriez sentir la tension dans le mollet, sous le genou et sous la cuisse.
- Ramener le genou gauche vers l'épaule droite.
- Respirer régulièrement en maintenant le dos en étirement axial.
- Tenir 30 secondes, puis changer de jambe.
- Faire le même exercice, les mains posées sur le tibia cette fois.
- Tenir 30 secondes, puis changer de jambe.

  Précaution : garder le dos droit.

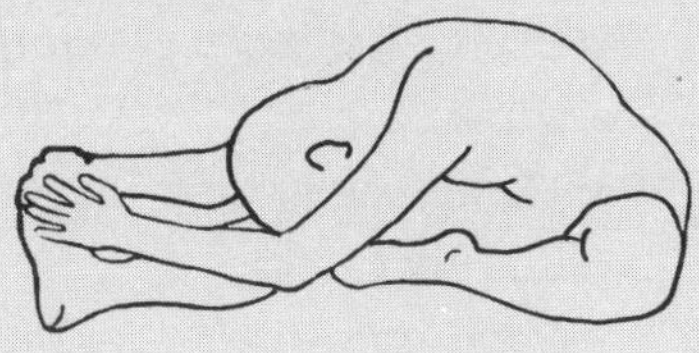

(Pour les personnes très souples)

- Le même exercice, la tête posée sur le tibia. Dans ce cas, le dos est arrondi mais non écrasé. Maintenir l'étirement axial.
- Tenir 30 secondes, puis changer de jambe.

  Précaution : garder le dos droit.

L'intérieur et l'arrière des cuisses

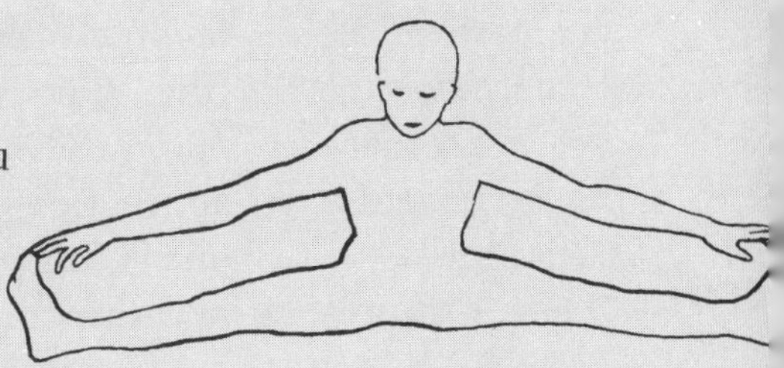

- Les jambes ouvertes, les genoux plus ou moins fléchis (selon votre degré de souplesse) de façon à garder le dos droit.
- Tenir le bout des pieds en flexion.
- Inspirer au repos, expirer en procédant à un étirement axial maximal.
- Tenir 30 secondes.

«Je me suis rendu compte que j'avais le même travers que presque tout le monde. Je ne soufflais pas. Je retenais l'air dans mes poumons, qui restaient ainsi partiellement distendus et avaient perdu l'habitude d'expulser l'air. Pour moi, bien respirer voulait dire bien aspirer, gonfler la cage thoracique, faire trembler les narines. Mais, en fait, le plus important, c'est de souffler. "Vous ne mourez pas en respirant comme ça, dit Mme Ehrenfried. Mais vous ne vivez pas non plus, pas pleinement.[6]*" »*
Thérèse Bertherat

LE SOUFFLE

Au cours des 30 ou 40 dernières années, alors que se répandait peu à peu la mode de l'exercice physique, on s'est surtout concentré sur la fonction cardio-vasculaire, n'abordant celle de la respiration que comme une conséquence (positive ou négative, selon le cas) de la qualité de la première. Évidemment, cette préoccupation est pertinente et justifiée, comme nous le verrons plus loin. À mon avis, toutefois, le mécanisme respiratoire comme tel représente un outil important à intégrer dans une démarche vers le bien-être général.

La respiration

De nombreux auteurs se sont exprimés de façon fort intéressante – et juste – sur cet aspect de la respiration, et je ne prétends pas aller plus loin qu'eux. Vous ne trouverez donc pas d'élément révolutionnaire ou de théorie nouvelle dans ce chapitre, mais plutôt la confirmation de certaines connaissances fondamentales, ainsi qu'une façon d'utiliser la respiration dans le contrôle de la posture. Que ce soit dans les techniques fort anciennes, comme les différentes formes de yoga, ou dans les approches plus contemporaines, comme le Feldenkrais ou l'antigymnastique, il est toujours primordial de prendre conscience de sa propre respiration.

Quoique constante, la respiration n'est pas toujours ample, fluide, vivifiante. Certes, des activités comme la natation ou la course permettent d'augmenter la *capacité respiratoire* (le volume d'air qu'il est possible d'emmagasiner à chaque respiration), sans pour autant garantir un *mécanisme respiratoire optimal*. C'est le corps au quotidien que je cherche à rendre heureux, et l'activation complète des muscles respiratoires peut certainement y contribuer.

Si l'air est indispensable à la vie animale, c'est qu'il contient de l'oxygène, principal « carburant » des tissus, quels qu'ils soient : environ 90 % de toute l'énergie qu'ils utilisent leur est ainsi fournie par la respiration. L'échange gazeux qui a lieu dans les poumons sert également à débarrasser l'organisme du gaz carbonique rejeté par les cellules au cours de leur activité métabolique. La respiration est donc une fonction essentielle, à laquelle, pourtant, nous ne portons que peu d'attention... Car elle se fait si naturellement que nous n'en prenons pas conscience, même quand elle est réduite. Un jour, toutefois, des signes apparaissent qui ne nous sont pas familiers : fatigue, somnolence, inattention, tension.

Respirer *donne* de l'énergie, c'est bien connu ! C'est pourquoi le héros du conte respire toujours à pleins poumons avant d'affronter le dragon et que vous faites de même au moment de vous attaquer à une tâche monumentale.

Mais en même temps qu'il nous fait vivre, ce geste nous met en contact avec l'environnement, puisque, pour sentir, il nous faut d'abord respirer. Le petit bébé, comme tous les bébés animaux, reconnaît sa mère à l'odeur ; le parfum du lilas est un des grands signes – et des grands plaisirs – du printemps ; l'arôme du pain chaud rend n'importe quelle maison suavement accueillante. Quand on prend conscience d'une odeur – «Ça sent l'hiver... » –, on respire plus profondément. Lorsqu'on prend le temps de humer une fleur, un bon

«On admet généralement que l'énergie d'un organisme animal vient de la combustion de sa nourriture. La reconversion de cette nourriture en énergie est un processus chimique complexe qui fait intervenir l'oxygène. À cet égard, la combustion de la nourriture ne diffère pas de la combustion d'un feu de bois. Dans les deux cas, le taux de combustion est relié à la quantité d'oxygène disponible. [...] à mesure que la respiration devient plus active, l'énergie augmente.[8]*»*
Dr Alexander Lowen

J'inspire et je sens mon ventre se distendre.
J'expire et je sens mon ventre rentrer.

plat ou l'air salin, on s'offre aussi un moment de détente : c'est là un autre des nombreux bienfaits de la respiration.

Ce mécanisme est également très lié à la capacité que nous avons de ressentir, d'éprouver un sentiment, et c'est là un des grands mystères du corps : le physique et l'émotif fonctionnent en symbiose, l'un nourrissant l'autre et vice versa. Or, si nous devenons incapables de « respirer à fond », c'est souvent par suite d'émotions refoulées : pour ne pas pleurer, pour ne pas crier, pour ne pas ressentir la peine.

Par ailleurs, la méditation, dont l'effet calmant et pacificateur ne fait pas de doute, exige le « contrôle » de la respiration, non pas dans le sens de limite, mais dans le sens de pleine conscience : l'observation du va-et-vient de la respiration permet à l'esprit de se dégager temporairement du tourbillon des pensées.

Peu à peu, le rythme du souffle s'apaise, l'esprit se calme et le bien-être s'installe. Dans les moments de nervosité, le simple fait de s'arrêter, de fermer les yeux et de se concentrer sur sa respiration permet de revenir à l'essentiel : « Je respire. Je suis en vie. »

Tel un ruisseau

« Votre respiration doit être légère, régulière et couler tel un ruisseau sur le sable. Elle doit être très paisible, silencieuse au point que la personne assise à vos côtés ne puisse l'entendre. Votre respiration doit couler avec la grâce d'une rivière, et non pas être chaotique comme le parcours des crêtes de montagnes ou saccadée comme le galop d'un cheval. Maîtriser sa respiration, c'est contrôler son corps et son esprit. Chaque fois que nous sommes dispersés, que nous n'arrivons plus à nous contrôler, nous devrions devenir attentif à notre respiration[9]. »

THICH NHAT HANH, maître bouddhiste

Qu'il faille, à 35 ou 50 ans, redécouvrir sa respiration et la « pratiquer » semble indiquer que, si on a appris beaucoup de choses dans sa vie, on en a aussi oublié quelques-unes...

Le mécanisme respiratoire

Une pleine respiration n'engage pas que la cage thoracique, mais le corps tout entier, de la boîte crânienne jusqu'aux orteils. Le somaticien Stanley Keleman compare le corps humain à un tube qui, au cours de la respiration, se distend puis se referme, comme le ferait un grand accordéon : tous les tissus étant contractiles, tous contribuent, quoique de façon bien inégale, à rendre la respiration possible.

« Le tube humain comprend trois renflements – la tête, la poitrine et l'abdomen – et deux anneaux – le cou et la taille. À l'intérieur, un genre de feuille divise le tube en deux : c'est le diaphragme, dont le mouvement – comme celui d'un puissant piston – est fondamental dans le mécanisme respiratoire. Mais le diaphragme n'agit pas seul et fait partie d'un ensemble de valves, internes et externes, qui opèrent de façon complexe pour augmenter ou réduire la respiration.[...] Or, un tube rigide ne peut pas prendre d'expansion ; par conséquent, la respiration est entravée[10]. »

Si M. Keleman peut utiliser l'image d'une feuille pour décrire le diaphragme, c'est que ce muscle est relativement mince et à peu près rond (comme une feuille de capucine). Sur toute sa circonférence, il est rattaché par des « piliers » à la colonne vertébrale et aux côtes. À l'inspiration, il se contracte et s'abaisse ; ce mouvement amène la colonne vertébrale en mini-flexion. À l'expiration, il se relâche, de même que ses piliers, et reprend sa place ; la colonne retrouve alors ses courbures naturelles. Cet aller-retour entretient la mobilité de la colonne vertébrale. C'est donc dire que les exercices respiratoires ont aussi pour effet d'améliorer la posture, ce qui augmente la capacité d'étirement axial.

Le diaphragme formant cloison entre le thorax et l'abdomen, son mouvement se réfléchit à la fois sur le cœur et sur les poumons, d'une part, et sur le système digestif, d'autre part. Comme tous les muscles, il mérite d'être assoupli et entraîné par des exercices variés, ce qu'on ne doit faire cependant qu'en lui assurant son espace vital (en prenant soin de ne pas affaisser la cage thoracique sur l'abdomen).

De nombreux autres muscles viennent seconder le diaphragme dans sa fonction respiratoire. « Les muscles de la respiration peuvent se classer en deux catégories : les *muscles inspirateurs principaux* sont ceux qui élèvent les côtes et le sternum (le diaphragme, les intercostaux externes et les surcostaux) ; les *muscles expirateurs principaux* sont ceux qui abaissent les côtes et le sternum (intercostaux internes). L'expiration normale est un phénomène purement passif de retour sur lui-même du thorax par simple élasticité. Les muscles inspirateurs accessoires (au nombre de 6) et les muscles expirateurs accessoires (16) n'entrent en jeu que lors des mouvements anormalement amples et puissants. Pour être accessoires, ces muscles expirateurs (dont les abdominaux) n'en sont pas moins importants et extrêmement puissants[11]. »

Le mécanisme respiratoire fonctionne automatiquement, mais nous possédons sur lui une puissante capacité de contrôle.

Pratiques quotidiennes

Voici quelques exercices d'entraînement respiratoire dont la fonction est d'amplifier le mécanisme de la respiration. Ces exercices doivent être effectués lentement. Et une inspiration complète exige une expiration complète.

La paille

Consigne générale : inspirer par la bouche à peine entrouverte (comme si vous serriez une paille entre les lèvres) jusqu'à pleine capacité, et sans creuser le bas du dos. Expirer tout d'un coup en rentrant le ventre.

- Première position (pour exercer les côtés du diaphragme) : couché sur le dos, les deux bras ouverts, jambes fléchies ensemble, du même côté ; faire 2 respirations les jambes d'un côté, puis 2 respirations les jambes de l'autre côté.
- Deuxième position (pour la partie avant du diaphragme) : couché sur le dos, les bras ouverts, les pieds au sol, les genoux fléchis, le bassin soulevé, le pubis vers le plafond ; faire 2 respirations.
- Troisième position (pour la partie arrière du diaphragme) : assis sur les talons, le tronc appuyé sur les cuisses, les bras souples et les mains déposées au sol, devant les pieds ; faire 2 respirations (vous devez ressentir l'ouverture de la colonne vertébrale).

Ssssss...

- Couché sur le dos, pieds au sol, genoux fléchis, le menton abaissé vers le sternum ; s'assurer que le dos reste bien collé au sol tout au long de l'exercice.

- Inspirer par le nez.
- Expirer le plus len-te-ment possible en émettant un « s » sifflant. Abaisser l'abdomen et les côtes le plus possible vers le sol. Expulser tout l'air des poumons.
- Répéter 3 fois.

Le ballon d'air

Même position que ci-dessus.

- Inspirer à fond jusqu'à ce que l'abdomen soit gonflé.
- Bloquer la respiration, et faire passer le ballon d'air vers le sternum en comprimant les muscles abdominaux.
- Repasser le ballon d'air dans l'abdomen.
- Expirer lentement.
- Répéter 3 fois.

Le salut à la journée

Le matin, debout devant une fenêtre ouverte.

- Inspirer et expirer profondément. Avoir l'esprit attentif à l'état du corps tout autant qu'à l'air du temps.
- Répéter 5 fois, même quand vous êtes en retard...

Les moments de pause

À quelques reprises pendant la journée, assis au travail ou debout, dehors si possible, pratiquer quelques grandes respirations profondes en rentrant le ventre à l'expiration.

LE SYSTÈME CARDIO-VASCULAIRE

Véritable pompe, le cœur refoule le sang vers les poumons, où il se débarrasse de ses déchets et se charge d'oxygène, puis le reçoit à nouveau, pour aussitôt le remettre en circulation dans tout l'organisme.

Il n'est pas nécessaire de courir le marathon pour prétendre avoir une bonne capacité cardio-vasculaire. Pour la plupart d'entre nous, il suffit de pouvoir monter les escaliers jusqu'au troisième ou rattraper l'autobus au coin suivant. Mais ce pourrait être un jour l'atout qui nous sauvera la vie dans une situation d'urgence... Plus simplement, c'est à tout le moins être capable d'accomplir nos activités quotidiennes avec aisance.

Dans les années 80, de nombreuses recherches ont démontré hors de tout doute qu'une capacité cardio-vasculaire bien développée ne faisait pas qu'aider à prévenir les maladies du cœur, mais qu'elle était même le *facteur principal* (mais pas le seul) d'un bon état de santé. D'où l'engouement – parfois frénétique – pour l'entraînement aérobique qui s'ensuivit. Le corps médical et paramédical n'a pas cessé depuis de nous inciter à accroître cette capacité – discours que les moniteurs d'éducation physique ont repris et, à leur suite, l'ensemble des médias. Aujourd'hui, personne ne peut plaider l'ignorance à ce sujet.

Le bon fonctionnement du système cardio-vasculaire ne dépend pas de la qualité de la respiration, mais de la force du muscle cardiaque, c'est-à-dire de sa capacité à propulser un volume suffisant de sang à travers les vaisseaux sanguins de manière à fournir aux tissus l'oxygène qui leur est nécessaire pour remplir leurs fonctions.

Plus l'effort à accomplir est grand, plus les muscles consomment d'oxygène ; un système cardio-vasculaire bien entraîné saura augmenter son rythme en conséquence, pour revenir rapidement à la normale, aussitôt l'effort terminé.

Holà !
Jardiner ou passer l'aspirateur à toute vitesse, les muscles crispés et la respiration saccadée, ne peuvent pas vraiment jouer le rôle d'entraînement aérobique. Il faut faire la distinction entre rythme énergique et rythme stressé...

Entraîner la pompe

On croit généralement que la course ou la danse aérobique sont à peu près les seuls exercices assez exigeants pour renforcer le cœur... C'est heureusement faux : toute activité qui fait appel à d'importantes masses musculaires (bouger les bras, les jambes ou le tronc) augmente le rythme cardiaque. Le jardinage ou l'entretien ménager, par exemple, offrent un entraînement cardio-vasculaire très profitable, à condition qu'on y procède à un certain rythme et pour une assez longue durée. Et vous serez sans doute étonné d'apprendre que la pratique du chant en fait tout autant ! Selon certaines recherches, il serait aussi bénéfique de chanter pendant une heure que de marcher sept kilomètres dans le même temps. Mais si le chant n'est pas votre dada, rassurez-vous : il y a plusieurs autres possibilités.

Pour que les effets d'une activité soient tout aussi notables que durables, vous devez être en mesure de la maintenir à une certaine intensité (voir plus loin), sur une période d'au moins 20 minutes continues, et à une fréquence de 2 à 3 fois par semaine. Ceux qui n'ont pas la chance d'habiter un sixième sans ascenseur ou d'aimer laver leurs murs tous les deux jours peuvent décider de se rendre à l'épicerie, toujours d'un bon pas. Ils peuvent aussi compter sur certains loisirs, comme la natation, le vélo ou le ski de fond. À défaut de quoi... on peut se mettre à danser, quelques fois par semaine, sur une musique rythmée !

Pour que l'activité soit profitable, il faut :

- *Faire travailler d'importantes masses musculaires (bras, abdominaux, quadriceps, psoas).*
- *Respirer profondément.*
- *Varier les mouvements : bouger les bras, les jambes, se déplacer d'un côté et de l'autre en alternance, avancer, reculer ; on peut reproduire chaque mouvement de 8 à 16 fois.*
- *Maintenir la cadence pendant au moins 20 minutes.*

À quelle intensité?

Au plus fort de la « crise aérobique », la pratique consistait à monter le rythme cardiaque à 80 % de sa capacité maximale, et à tenir cette fréquence de 20 à 40 minutes. Depuis, les recherches ont permis de conclure que les personnes qui s'entraînaient aussi intensivement étaient *plus susceptibles* de connaître des problèmes cardiaques que d'autres, plus sédentaires – l'effort subi étant trop grand par rapport au rythme cardiaque habituel. Aujourd'hui, les spécialistes – dont le Wellness Center de l'Université Berkeley (Californie) – recommandent de solliciter le cœur moins fortement (dans un registre allant de 60 % à 70 % de la fréquence maximale), mais plus souvent et plus longtemps.

Un autre élément de mesure, dont vous avez sans doute entendu parler, est le VO_2max (V pour volume, O_2 pour oxygène, max pour maximum), appelé aussi *puissance aérobie maximale,* c'est-à-dire la capacité maximale de l'organisme à *consommer* l'oxygène. Cette mesure s'analyse généralement en laboratoire, et la plupart d'entre nous ne connaîtront jamais notre propre VO_2max. Qu'à cela ne tienne : sachez que pour accomplir des activités exigeantes sur le plan aérobique, il faut que l'organisme soit en mesure de consommer l'oxygène nécessaire (le carburant). Sans cela, il s'épuise rapidement et ne peut poursuivre l'activité. Or, notre VO_2max dépend de la santé du système cardio-vasculaire (pour faire circuler efficacement l'oxygène) et de la capacité des muscles à absorber cet oxygène.

Quel que soit le type d'entraînement choisi, sachez que les exercices aérobiques, lorsqu'ils sont pratiqués régulièrement, aident à garder la pression sanguine à un niveau normal, réduisent le risque de maladies coronariennes et contribuent à maintenir un poids normal. Il semble, également, que cette pratique agit à la hausse

Votre rythme d'entraînement

Soustrayez votre âge du nombre 220. Le chiffre obtenu indique votre pouls maximal (en principe, votre cœur serait incapable de battre plus rapidement). Multipliez votre pouls maximal par 60 % et par 70 %. Votre pouls à l'entraînement doit atteindre au moins la valeur de ce 60 %, sans jamais dépasser celle du 70 %.

Exemple : 220 - 46 = 174 x 60 % = 104 ; 174 x 70 % = 122. Une personne de 46 ans doit donc maintenir un rythme cardiaque d'au moins 104 battements/minute pour atteindre un niveau d'entraînement aérobique.

sur le niveau de HDL (le « bon » cholestérol) et intervient dans la prévention du diabète.

Différents types d'entraînement

Les personnes qui *détestent* la monotonie seront ravies d'apprendre qu'il n'est pas indispensable de pratiquer une activité au même rythme et sans arrêt pendant 20 minutes pour en retirer les bénéfices aérobiques recherchés. Les chercheurs du Laboratoire de performance humaine de l'université de Miami ont en effet découvert de grands avantages à ce qu'on pourrait appeler « l'entraînement à intervalles » *(interval training)*.

Selon une étude menée durant 12 semaines auprès de deux groupes de femmes qui pratiquaient la danse aérobique trois fois par semaine, dans le groupe qui avait adopté le principe des intervalles, l'amélioration de la capacité cardiaque a été de 10 % supérieure à celle de l'autre groupe.

Même s'ils n'ont pu expliquer entièrement ces résultats, les évaluateurs en ont déduit, d'une part, que les périodes plus lentes permettant à l'organisme de récupérer sans que le rythme cardiaque baisse de façon significative, la personne était ainsi en mesure de se rendre plus facilement jusqu'au bout de la période d'entraînement ; d'autre part, que l'acide lactique produit par les muscles pendant la période intense ayant la possibilité de se dissoudre à chaque ralentissement, ceux-ci se fatiguaient beaucoup moins vite et avaient donc moins besoin d'oxygène.

Évidemment, les personnes plus âgées ou plus sédentaires devront d'abord s'aguerrir avec des périodes plus courtes (5 à 10 minutes) et de moindre intensité ; elles pourront observer une amélioration. L'idée, c'est de

Tout comme si vous fumiez...
Selon l'American Heart Association, l'inactivité physique représente un risque de maladie cardio-vasculaire aussi élevé que le tabagisme.

réchauffer l'organisme, mais sans le fatiguer ; on augmente tranquillement la durée de l'activité, pour enfin parvenir à ce minimum de 20 minutes, voire le dépasser.

Il existe de nombreux livres et vidéocassettes qui présentent des exercices cardio-vasculaires. Choisissez le programme qui vous procurera le plus de plaisir.

La marche : de l'aérobique « doux »

La marche, même d'un pas détendu, rapporte une montagne de bienfaits tant pour l'esprit que pour le corps, mais ce n'est qu'à une allure de 4 à 5 kilomètres/heure (un peu plus pour les personnes de grande taille) que s'accélère de façon satisfaisante le rythme cardiaque, et que sont ainsi remplies les deux conditions de l'activité aérobique : la sollicitation d'importantes masses musculaires (le tronc et les jambes), et l'exécution de mouvements à la fois répétitifs et variés.

Voici quelques variations sur le même thème, telles que proposées par le Berkeley Wellness Center afin d'en retirer le maximum de bénéfices :

- Recherchez les pentes. En montant, penchez-vous légèrement vers l'avant ; c'est moins exigeant pour les muscles des jambes. En descendant, faites de plus petits pas.
- Variez les surfaces. La marche sur pelouse est plus exigeante que sur pavé ; sur le sable, elle l'est encore davantage.
- Faites marcher vos coudes. Gardez les bras pliés à 90 degrés et, mains détendues, balancez-les volontairement à partir des épaules.
- Allongez le pas. Et balancez les bras plus amplement.

L'entraînement à intervalles

Il s'agit d'augmenter progressivement la cadence des mouvements, jusqu'à atteindre 70 à 80 % de sa capacité cardiaque maximale. Tenir cette fréquence entre 3 et 5 minutes. Puis redescendre à 60 ou 70 % pendant 10 minutes. Remonter à la fréquence maximale pendant 3 à 5 minutes. Faire cet aller-retour pendant 50 à 60 minutes. Toujours terminer l'entraînement avec la fréquence la plus basse. Le cœur devrait retrouver son rythme normal après 1 à 3 minutes.

20 minutes?
Toutes les recherches le confirment : il faut au moins 20 minutes d'activité soutenue pour augmenter ou entretenir une bonne capacité cardio-vasculaire, des périodes de 40 minutes étant encore préférables.

Si peu est bon, beaucoup n'est pas toujours meilleur!
L'exercice physique est indispensable au bien-être, à condition qu'il soit modéré ; après une heure d'intense activité, la plupart des gens se sentent ragaillardis et en pleine forme. Si, au contraire, vous vous sentez complètement épuisé, c'est que l'activité a été trop exigeante.

- Reculez. La marche de reculons permet de mettre un peu de variété dans la promenade tout en exerçant différemment les muscles jambiers.
- Marchez dans l'eau. La résistance de l'eau exige un effort supplémentaire : excellent !

PRATIQUES QUOTIDIENNES

- Lorsque vous allez faire vos courses, marchez d'un bon pas et faites tous les mouvements qui vous chantent ! Vingt minutes de marche rapide (en prenant soin de zigzaguer un peu, de monter et de descendre quelques trottoirs, de regarder à gauche et à droite) seront plus bénéfiques que 20 minutes de « steps ».
- Prenez l'escalier de temps à autre ; même si vous montez lentement, ça vaut la peine (très bon pour les cuisses aussi). En descendant, surveillez l'alignement : les genoux doivent se trouver dans l'axe de la cheville, du tibia et de la hanche.
- Donnez-vous des délais courts pour faire le lit, ranger l'épicerie, passer le balai...
- Dans la douche, frottez-vous vigoureusement.
- Ah ! la danse ! Quel plaisir ! Au son de la musique et du rythme, on peut s'activer très longtemps.
- Et n'oubliez pas de chantonner !

Il va sans dire que vous terminez toutes vos séances aérobiques par des étirements des mollets, des ischio-jambiers, du psoas et de l'ensemble des muscles du bassin.

Enfin, gardez en mémoire que de simples petites accélérations cardiaques tout au long de la journée contribuent à entretenir un cœur souple et en santé. Il vous suffit de monter un escalier ou de presser le pas quelques minutes.

La précision

Passer l'aspirateur en brusquant tout sur son passage – parce qu'on ne voudrait *pas* être en train de passer l'aspirateur –, c'est déployer beaucoup d'énergie qui ne sert à rien ni à personne. Le tapis ne s'en trouve pas plus propre et, surtout, le corps accumule une tension bien inutile. Dans la plupart des aspects de notre vie, l'intention d'un geste est nourrie d'une dimension affective ou émotive. Il est important de savoir laquelle...

Idéalement, qu'il s'agisse de préparer une salade, de changer les gamelles du chat ou de sarcler le jardin, on devrait le faire par choix, pour son bien-être et celui de son entourage immédiat. En réalité, chaque jour nous apporte son lot de devoirs et de routines, dans un horaire surchargé, et donc sous pression. Plus souvent qu'à leur tour, les femmes cumulent un emploi, le soin des enfants et la responsabilité de la maison, et n'arrivent parfois plus à trouver quelque plaisir que ce soit aux tâches quotidiennes. Si la situation générale ne peut pas toujours être modifiée, il en va autrement de l'attitude qu'on adopte à l'égard de celle-ci.

À cet effet, je vous incite à toujours garder votre curiosité en alerte, même dans les actions anodines ou routinières, afin de découvrir les vertus qu'elles recèlent. L'attention requise pour y parvenir n'en restreint ni l'efficacité ni la rapidité. Et pourtant, l'esprit peu à peu dégagé de ses préoccupations, vous ressentez, en guise de « bénéfice marginal », une bienfaisante détente.

Dans la perspective où nous aurons probablement à faire les mêmes gestes pendant encore 25 ou 40 ans (et que l'âge ne nous facilitera pas les choses), ne vaut-il pas

Je respire et je me calme...

Il n'est pas nécessaire, pour couper des oignons, d'avoir les mâchoires serrées, le dos courbé et 25 kilos de pression dans le bras.

la peine de les rendre plus aisés, plus harmonieux, plus agréables, voire signifiants ? Je ne parle pas de faire les choses « de la bonne façon » – cette notion est subjective –, mais de façon « juste », ce souci d'attention nous révélant dans quelle mesure, trop souvent, nous réduisons notre corps à un « objet utile » – inexpressif et insignifiant.

Prendre conscience de ses mouvements et du plaisir qui s'y trouve, c'est se donner accès à l'énergie du vivant. Tous les jours, nous accomplissons des milliers de gestes, qu'on peut classer comme suit :

- Les gestes d'expression, ceux qui expriment une émotion, un état d'âme : embrasser, tendre les bras, se recroqueviller...
- Les actions concrètes : arroser les plantes, emballer un cadeau, repasser un vêtement, prendre un livre dans la bibliothèque...
- Les gestes machinaux, que l'on accomplit sans attention : pédaler sur une bicyclette, se brosser les dents, porter les aliments à sa bouche, s'asseoir, taper sur un clavier...
- Les mouvements réflexes : se retenir à la rampe quand on glisse dans l'escalier, se gratter le bras, remonter les lunettes sur son nez...

Nombre d'entre eux sont régis, en tout ou en partie, par des automatismes dont l'efficacité et la précision méritent d'être réévaluées, car ils se sont développés au fil du temps et des circonstances, de façon plutôt anarchique. C'est donc un processus qui peut être amélioré ou modifié.

On sait, grâce notamment au neurophysiologiste Alain Berthoz (également ingénieur et psychologue), que le phénomène de perception fait appel à plus d'un *médium d'information*. Lorsque nous réagissons à un stimulus donné, c'est non seulement notre système nerveux sensoriel et cognitif qui entre en action, mais également notre *mémoire organique* (le corps se référant à un ou à des contextes analogues dont il a gardé souvenir).

Afin d'illustrer le fonctionnement de la mémoire organique, le maître de yoga Éric Barret cite l'exemple de cet homme qui, récemment sorti de prison, sursautait chaque fois qu'il entendait une porte claquer ; il savait très bien, pourtant, qu'il n'était plus en prison, mais son corps, lui, ne l'avait pas encore appris...

Plus couramment, vous n'avez qu'à penser à ce qui arriverait si vous déplaciez votre réveille-matin : le premier jour, votre main irait automatiquement à l'endroit habituel. Or, notre quotidien est rempli de gestes machinaux ; certains sont utiles, d'autres pas. Le temps d'arrêt et l'attention permettent de nous libérer de mécanismes inadéquats et de rechercher, dans notre corps même, la signification de nos gestes, volontaires ou pas, et des émotions qui s'y rattachent.

L'imagination des sens

Les outils grâce auxquels s'accomplit cette investigation corporelle s'appellent les sens. Dès l'enfance, on nous apprend qu'ils sont au nombre de cinq – ce qui n'est déjà pas mal. Mais Alain Berthoz écrit encore : « En dehors des cinq capteurs qui ont donné la liste des cinq sens – vision, olfaction, audition, toucher et goût –, il nous faut en reconnaître plusieurs autres, dans les muscles, les articulations, l'oreille interne. Nous avons en effet non pas 5 sens, mais 8 ou 9. En établir la liste a-t-il encore un sens[12] ? »

Pour sa part, l'Allemand Rudolf Steiner – qui, au début du siècle, élabora une philosophie scientifique connue sous le nom d'anthroposophie – avait une théorie bien à lui sur la question. Selon son analyse de l'être humain (qui n'est pas que physiologique), les sens sont au nombre de 12. Aux cinq généralement admis, il ajoutait le *sens de la vie* (grâce auquel nous ressentons le vivant en nous, l'harmonieuse coopération de tous les organes, le bien-être ou la fatigue) ; le *sens du mouvement* (par lequel nous percevons les changements de position : un bras ou une jambe que nous plions, le larynx qui se meut quand nous parlons) ; le *sens de l'équilibre* (qui évalue notre situation par rapport à notre environnement) ; le *sens de la chaleur* (tout l'organisme, et pas seulement la peau, ressent la température ambiante) ; *le sens du langage* (qui provoque une perception encore plus intime que celui du son parce que ce qui résonne a un sens) ; le *sens du penser* (car le rapport avec celui qui forme la parole exige un sens plus profond que celui de la parole) ; et le *sens du Moi d'autrui* (différent de la perception de son propre Moi[13]).

Je les mentionne simplement pour démontrer à quel point la représentation qu'on se fait de ses capacités peut s'élargir. En ce sens, il ne faudrait pas négliger l'*imagination* comme élément susceptible d'ouvrir des dimensions insoupçonnées. Si on perçoit son univers comme étant limité au trajet entre la maison et le travail, on risque peu de faire les découvertes qui se trouvent pourtant à portée de pas. Si on se perçoit comme limité physiquement – pas assez grand, pas assez fort, pas assez souple –, on se privera facilement d'activités porteuses de plaisir.

Vous avez peut-être entendu parler de ces recherches au cours desquelles des souris sont confinées dès la naissance dans un espace extrêmement restreint : une fois libérées, elles ne développent jamais leur sens de l'exploration, contrairement à leurs congénères logées très tôt plus généreusement. C'est ici la conception de l'espace lui-même qui est en cause, mais je crois que la conception qu'on a de ses propres gestes dans cet espace est parfois bien étriquée, elle aussi ; et on est en droit de s'inquiéter de celle que se formeront les prochaines générations, notamment, vu l'importance que prend l'ordinateur dans l'organisation du travail. Déjà, on a miniaturisé les postes de travail qui, désormais, correspondent très exactement à l'espace minimum requis par un ordinateur et son opérateur pour fonctionner. Mais qu'en est-il de cet espace que, hier encore, on disait *vital*, essentiel pour combler des besoins aussi primaires que respirer, remuer, apercevoir un coin de ciel bleu ?

De surcroît, ces alvéoles sont péremptoirement conçues de sorte qu'il y ait « une place pour chaque chose et chaque chose à sa place ». Un tel souci d'efficacité ne laisse que bien peu de latitude aux usagers – pourtant aussi différents les uns des autres que les plantes d'un jardin botanique. Car c'est maintenant le milieu qui façonne le travailleur et non plus l'inverse.

Un pareil moule aura tôt fait d'étouffer l'imaginaire du corps, l'unicité de l'être, son équilibre. Or, si l'adresse augmente avec la pratique, elle vient d'abord de l'imaginaire ; celui qui ne se *voit* pas faire tel ou tel geste ne le fera probablement jamais...

Plus vous développez votre vocabulaire gestuel, plus diversifiées seront vos habiletés.

Le monocorde métro-boulot-dodo illustre on ne peut mieux le manque terrible d'imagination qui nivelle trop de vies. Heureusement, nombreux sont ceux qui cherchent encore à enrichir leur quotidien, que ce soit par des ateliers de croissance personnelle, des cours de danse, la pratique d'un art martial... ou la vie à deux.

Enrichir le quotidien

Le corps *aime* bouger. Ses mouvements le mettent en relation avec lui-même, avec les autres et avec le monde. Ce besoin de relation, les enfants le comblent constamment, avec bonheur : ils courent, sautent, pirouettent, absolument libres. Ils se dépensent tout entiers et prennent plaisir à ressentir leur corps dans l'action. S'ils répètent si souvent et avec tant d'enthousiasme les gestes qui leur demandent un effort – manger seul, monter l'escalier, pédaler –, c'est qu'ils possèdent l'acharnement indispensable à la découverte et à la maîtrise de ce qui est déjà en eux : la capacité de faire.

Souvenez-vous de l'émotion ressentie – mélange de plaisir, de peur et d'excitation – lorsque, pour la première fois, vous avez tenu un volant ou vous vous êtes élancé sur une piste de ski. Le plaisir et l'excitation génèrent l'énergie nécessaire à l'apprentissage d'une technique, quelle qu'elle soit ; les athlètes, les danseurs, les musiciens qui s'astreignent à une discipline rigoureuse le font rarement par masochisme ou par sens du devoir... Nous avons peut-être oublié la très grande satisfaction qui nous habite lorsque nous exécutons un geste qui demande du savoir-faire, car bien des tâches domestiques qui exigeaient une réelle habileté manuelle ont pratiquement disparu de nos us et coutumes.

Évidemment, une grande adresse – comme celle que requiert la fabrication de bateaux miniatures – n'est pas indispensable au bonheur corporel. Mais ce bonheur découle *aussi* d'une motilité équilibrée, alignée, économe, raffinée, qui ne s'acquiert pas uniquement par la pratique de gestes minutieux, mais à travers la plupart de nos activités habituelles.

Il existe une grande différence entre un *geste mal fait* et un *geste malhabile*. Dans le premier cas, l'intention n'est pas claire ou l'exécution, incomplète, alors que l'habileté est une question de pratique. Un corps conscient de lui-même s'investit de façon volontaire dans ses actes. Qu'il s'agisse de se coiffer ou de passer le balai, toute action peut être entreprise avec la volonté de la mener au terme qui convient, ni plus, ni moins, ni à peu près. Bien qu'une intention précise ne garantisse pas un geste parfait, la recherche continue de justesse – comme un danseur à la barre – devient une façon de vivre.

« Préciser » quelque chose, c'est lui donner forme, le rendre distinct. En ce sens, la simple motilité s'élève au rang de *gestuelle,* en tant qu'expression de la personnalité. Certes, le grand nombre de tâches quotidiennes nous impose souvent d'y procéder avec célérité ; pour autant, est-il nécessaire de leur nier toute signification, toute valeur ?

Voyez la fascination qu'exercent certains artisans lorsqu'ils ont le cœur à l'ouvrage – le peintre en bâtiment et le va-et-vient de son pinceau, la coiffeuse et le sautillement de ses ciseaux, l'ébéniste et sa gouge façonnant le bois.

La fascination du geste

Certains sculpteurs considèrent que la forme est déjà dans le matériau, et qu'il suffit de l'en dégager. De même, le geste est déjà inscrit dans le corps, attendant pour s'accomplir l'aiguillon de l'influx nerveux. Cependant, il ne devient pas nécessairement « automatique » (c'est-à-dire indépendant du contrôle moteur conscient),

La précision est donc un « entraînement psychomoteur à l'action », où l'intention et le processus corporel sont constamment et simultanément sujets à vérification et à réajustement.

même s'il doit être refait des milliers de fois. C'est pourquoi il recèle toujours, y compris quand il est machinal, une possibilité de plaisir, celui du corps en action.

Même s'ils semblent mécaniques, ces gestes précis réclament une attention constante. Il y a là une harmonie certaine entre la posture, la respiration et le mouvement ; harmonie, également, entre la personne (l'être), ce qu'elle fait (le geste) et sa manière de l'accomplir (la technique). Or, rien n'empêche que cette harmonie née de la *concentration*, que cette *présence à l'ouvrage* imprègnent la plupart de nos activités quotidiennes, leur conférant non seulement plus de justesse mais aussi plus d'enthousiasme et de contentement.

Le plaisir – pensez-y – peut changer nos vies ! Comme un acrobate reprend chaque jour les mouvements de sa discipline et en vérifie l'exactitude, nos activités quotidiennes peuvent être une source de perfectionnement. Cette préoccupation maintient le corps en alerte, vivant, conscient et plus habile.

Le temps d'arrêt

Dans la méditation bouddhiste, on apprend à pratiquer le *temps d'arrêt,* notamment au moyen d'un petit exercice qui consiste à prendre conscience, au moment où l'on entre dans la salle de méditation, du *ici et maintenant*: « J'ouvre cette porte et ce n'est pas n'importe laquelle ; je franchis ce cadre de porte et ce n'est pas n'importe lequel ; je mets le pied dans cette salle et je ne suis pas n'importe où; je suis ici, dans cette salle où je suis venu avec une intention. » De la même manière, on peut développer son attention pour accomplir, avec une « présence attentive » et une certaine délicatesse, ses actions quotidiennes.

Ce que le maître bouddhiste Thich Nhat Hanh propose dans ses enseignements, c'est le *mindfullness*, l'attention à l'instant présent – dont l'objectif est la paix intérieure et, finalement, le bonheur. Dans un sens plus pragmatique, une activité quotidienne aussi simple que de laver la vaisselle nous donne l'occasion de bien sentir notre corps, ses points de tension, ses alignements, ainsi que de retrouver consciemment la détente naturelle et le bien-être.

L'attitude

Malgré le degré variable d'attention qu'ils requièrent, les gestes ont tous en commun, à la base, une *intention* et une *technique*. Or, on peut intervenir à tout moment sur ces deux aspects du mouvement.

Gravir une échelle et se rendre au sommet sans tomber ; transporter une pile d'assiettes et la déposer au bon endroit sans que celles-ci se fracassent ; servir le thé en remplissant les tasses juste ce qu'il faut, sans en verser à côté : ces gestes exigent une présence de l'être tout entier.

« Le cerveau ne traite pas les informations des sens indépendamment les unes des autres. Chaque fois qu'il engage une action, il fait des hypothèses sur l'état que doivent prendre certains capteurs au cours de son déroulement. Le champion de ski ne peut pas vérifier en permanence et en continu l'état de tous ses capteurs sensoriels ; il simule mentalement son trajet sur la piste et ce n'est que de temps en temps, de façon intermittente, que

Laver la vaisselle

« Lorsque nous lavons les assiettes, lavons les assiettes. C'est tout. Cela signifie que nous devons être complètement conscient du fait que nous sommes en train de laver les assiettes. Pourquoi accorder tant d'importance à une chose aussi évidente ? Le fait même que je sois là, debout près de l'évier, à laver les assiettes, est tout simplement merveilleux. Je suis entièrement moi-même, en harmonie avec ma respiration, conscient de mon corps, de mes pensées et de mes gestes. Si nous pensons uniquement à ce qui nous attend – une tasse de thé, par exemple –, nous allons tenter de nous débarrasser de la vaisselle au plus vite. Celle-ci devient une corvée, un moment déplaisant. Pendant tout ce temps, nous ne sommes pas vraiment vivant[14]. »

Thich Nhat Hanh

Qualités corporelles dans l'action
- *la posture*
- *l'alignement des membres*
- *la détente*
- *la respiration*
- *l'effort musculaire juste, ni plus ni moins*

son cerveau vérifie si l'état de certains capteurs sensoriels est conforme à sa prédiction de l'angle des genoux, de la distance aux piquets, etc. Nous appellerons ce groupement de capteurs des "configurations" et nous dirons que le cerveau vérifie la configuration de capteurs spécifiés en même temps que le mouvement est programmé[15]. »

Même la plus courante des occupations est faite de mouvements qui, tous, ont leurs qualités propres, et auxquelles il est bon de prêter attention avant même d'entrer en action, et tout au long de son déroulement. Ce qui est moins ardu qu'il n'y paraît.

L'entraînement à la précision

Il s'agit donc d'enclencher un processus de raffinement corporel qui nous permette de rechercher la précision. Au travail à l'ordinateur, par exemple :

- déterminer un élément à améliorer ; par exemple, garder la mâchoire détendue ;
- pratiquer le temps d'arrêt, prendre conscience de la tension et s'abandonner à la détente ;
- vérifier fréquemment l'état de la mâchoire jusqu'à ce qu'une détente durable se soit installée ;
- ajouter un autre élément, puis un troisième, etc.

On pourrait dire qu'un geste bien formé, net et précis est efficace parce qu'il est *pensé*; et qu'il est heureux parce qu'il est *ressenti*.

Comme il arrive que nos paroles « dépassent notre pensée », un geste se termine parfois par un accident (échapper l'objet ou se coincer une vertèbre), *même si on a vu l'accident venir!* L'intention ne doit donc pas être « arrêtée » mais, plutôt, suspendue dans le temps et constamment réévaluée ; elle doit pouvoir être modifiée en cours de route, à tout moment. Parallèlement, le processus corporel sera conscient et, lui aussi, sans cesse apprécié. La qualité de la concentration, de la respiration, de la posture, de l'effort musculaire juste, ainsi que la lenteur ou la vitesse du geste sont autant d'éléments qui assureront la réussite du mouvement.

Le geste juste est toujours alerte, précis, facile à réorienter. Chaque partie du corps joue un rôle spécifique, et la technique veut que l'on soit conscient de chacune de ces parties et de l'ensemble à la fois. Le corps se réajuste à chaque instant – comme un acrobate sur son fil de fer – pour rendre son effort plus efficace dans l'intention qu'on s'est donnée.

Pratiques quotidiennes

- Choisissez une action courante que vous savez être machinale (vous rendre à la voiture, fermer les stores le soir, verser la nourriture du chat, vous sécher les cheveux, etc.). Voyez d'abord comment vous accomplissez ce geste : comment tenez-vous les épaules (hautes ou basses, contractées ou non) ? Comment tendez-vous le bras, penchez-vous le corps, fléchissez-vous les genoux, portez-vous la tête ? Est-ce que votre respiration est ample, naturelle, ou fermée ? Vos pensées vous éloignent-elles du moment présent ? Faites-vous cette action avec ennui, manque d'intérêt, agressivité ?

Puis, au cours de la *prochaine semaine*, accomplissez cette action en pratiquant la conscience : de votre posture, de vos mouvements, de vos pensées. Laissez-vous

Toute action pratiquée avec conscience tend à devenir harmonieuse.

ressentir chacun des gestes. Gardez l'esprit présent à ce que vous faites et à ce que vous ressentez.

RÉFÉRENCES

1. James Gavin, Ph.D., *Body Moves – The Psychology of Exercice,* Stackpole Books, 1988.
2. W. D. McArdle, F. Katch, V. Katch, *Physiologie de l'activité physique,* Vigot (Paris) et Edisem (Saint-Hyacinthe), 1987.
3. *The Human Body,* document audiovisuel produit par la British Broadcasting Company (BBC).
4. G. Cometti, G. Petit et M. Pougheon, *Sciences biologiques – Brevet d'État d'Éducateur sportif,* éd. Vigot, 1989.
5. I.A. Kapandji, *Physiologie articulaire,* Maloine Éditeur, 1975.
6. Thérèse Cadrin Petit, *La méthode de gymnastique sur table TCP* (manuel du professeur), Montréal, 1989.
7. Thérèse Bertherat, *Le corps a ses raisons,* Paris, Éditions du Seuil, 1976.
8. Dr Alexander Lowen, *La Bio-Énergie,* Montréal, Éditions du Jour, 1976.
9. Thich Nhat Hanh, *Le Miracle de la Pleine Conscience,* L'espace bleu, 1994.
10. Stanley Keleman, *Emotional Anatomy,* Center Press, 1985.
11. I.A. Kapandji, *op. cit.*
12. Alain Berthoz, *Le sens du mouvement,* Éditions Odile Jacob, 1997.
13. Rudolf Steiner, *Le zodiaque et les 12 sens,* Éditions anthroposophiques romandes, 1997.
14. Thich Nhat Hanh, *op. cit.*
15. Alain Berthoz, *op. cit.*

CHAPITRE 5

Ne pas abandonner le corps à son sort

Les problèmes liés au travail

- *Les métiers qui exigent de la force*
- *La coiffure*
- *Le travail à l'ordinateur*
- *L'art dentaire*
- *La route*
- *La puériculture et les soins aux malades*

L'embonpoint

- *L'obésité galopante*
- *La mauvaise bouffe*

La fatigue et le stress

- *Effet psychologique*
- *Le temps de repos*
- *Le manque de sommeil*
- *Le stress, pour le meilleur et pour le pire*
- *Pratiques quotidiennes*

La ménopause

- *Du travail supplémentaire avec ça ?*
- *Réflexions et hormones*
- *Adapter ses demandes à la réalité*
- *La perte de la densité osseuse*
- *Les exercices*
- *Pratiques quotidiennes*

Le vieillissement

- *Des moments critiques*
- *L'arrivée de la douleur*
- *L'activité physique*
- *De bons vieux muscles*
- *Pratiques quotidiennes*

Les problèmes liés au travail

Certains travailleurs ont besoin d'une force physique peu commune. C'est le cas des manutentionnaires et des déménageurs, des ouvriers de la construction ou des travailleurs sylvicoles, des préposés aux malades, etc. Compte tenu de l'énergie importante qu'ils ont à déployer, ces travailleurs renoncent souvent, une fois leur travail terminé, à pratiquer un entraînement quelconque, une activité sportive ou même un loisir actif. Par conséquent, leur corps ne se trouve conditionné qu'à certains types de mouvements. Peu à peu, le déséquilibre s'installe, de même que l'usure excessive de certains tissus, provoquant presque à coup sûr des blessures chroniques.

Malheureusement, il semble que nombre d'entre eux ne savent toujours pas qu'un bon programme de renforcement musculaire – pertinent au type d'effort à fournir – permet de prévenir les blessures et de réduire le stress que subissent les structures sur-sollicitées. De plus, les étirements – pratiqués après le travail – aident à rééquilibrer les tensions musculaires et à soulager les fatigues articulaires.

Ce qui est plus triste encore, c'est que l'encadrement au travail ne semble pas axé de quelque façon sur cet aspect de la prévention. À mon avis, pourtant, les corps

Avec des exercices simples et brefs, pratiqués quotidiennement sur le lieu de travail, il est possible de réduire la fatigue et de favoriser une bonne récupération.

de métiers et les syndicats aussi bien que les employeurs ont tous une responsabilité à cet égard.

De surcroît, quand un programme en ce sens est mis sur pied par les employeurs, il ne fait pas qu'améliorer le rendement des employés – en augmentant leur énergie et leur concentration –, il leur donne surtout l'assurance d'être respectés. Chacun prend ainsi conscience de l'importance de son propre bien-être, et y porte bientôt une attention accrue.

Il n'est pas difficile d'imaginer que le fait de répéter les mêmes gestes pendant 10, 15, 25 ans, finit par « traumatiser » – dans le vrai sens du terme – le corps tout entier. Les problèmes qui en résultent, s'ils sont bénins en apparence, n'en constituent pas moins une source de malaises plus ou moins graves pour ceux qui les vivent.

Les métiers qui exigent de la force

De nombreux ouvriers, notamment ceux de la construction, souffrent souvent de sérieux maux de dos. Même si leurs techniques de travail sont excellentes, les circonstances les obligent parfois à agir rapidement, donc avec le risque d'un faux mouvement et, souvent, dans une posture peu appropriée. De plus, le genre d'efforts requis (frapper de façon répétitive, soulever de lourdes charges, etc.) durcit progressivement les muscles, réduisant d'autant leur élasticité. Parce qu'il est toujours difficile de maintenir la flexibilité des tissus lorsque le corps a à fournir de gros efforts musculaires répétitifs, certaines écoles de formation incorporent maintenant des périodes d'assouplissement à leurs programmes d'entraînement (chez les pompiers, les policiers).

Pour entretenir leur mobilité générale, tous les travailleurs ayant à fournir de gros efforts physiques doivent donc :

- entraîner les muscles du dos, du tronc et de l'abdomen ;
- stabiliser les épaules et le bassin ;
- assouplir toute leur musculature.

Exercices spécifiques

- Le dos contre un mur, les pieds parallèles, les genoux fléchis à 90 degrés ; expirer en collant *tout* le dos au mur, en rentrant très fort le ventre et sans soulever les talons ; tenir 5 secondes ; inspirer en relâchant la position ; répéter 4 à 6 fois (pour le renforcement des jambes et des abdominaux).
- Avec l'exercice dos rond/dos plat, tonifier les muscles profonds de la colonne : muscles spinaux et rhomboïdes (voir Le dos, page 115).

La coiffure

La station debout et le piétinement incessant autour de la chaise du client auxquels sont astreints les coiffeurs leur causent un stress important au bas du dos ; de surcroît, le plancher sur lequel ils travaillent étant généralement très dur (souvent en béton), ils ont tendance à bloquer les genoux, ce qui – comme on l'a vu dans le chapitre sur la posture – entraîne un blocage du bas du dos. Enfin, le fait d'avoir à accomplir, à bout de bras, des gestes à la fois répétitifs et asymétriques provoque le durcissement des trapèzes et abîme les articulations des épaules. Malheureusement, ces travailleurs ne prennent pas toujours conscience assez tôt de ces déséquilibres. Je leur recommande de procéder rapidement à la tonification du tronc et de la ceinture scapulaire.

Exercices spécifiques

- Avec l'exercice dos rond/dos plat, tonifier les muscles profonds de la colonne : muscles spinaux et rhomboïdes (voir Le dos, page 115).
- Tonifier les grands dentelés qui, avec les trapèzes inférieurs, sont responsables de l'abaissement de l'omoplate.
- En fin de journée, pratiquer les étirements adéquats pour les pectoraux et les avant-bras (voir *Les poignets et les coudes,* page 112 et *Les épaules,* page 112).
- Toujours détendre le bas du dos avant d'aller au lit (voir page 98).

Le travail à l'ordinateur

Le simple fait d'être assis durant plusieurs heures provoque des tensions dans le bas du dos ; mais les problèmes seront aggravés si le siège n'est pas à la bonne hauteur ou si le support lombaire est inadéquat. Dans le haut du dos, les tensions s'accumulent parce que la tête est presque immobile et souvent trop avancée, le regard étant fixé sur l'écran. Les épaules sont souvent tendues, surtout à cause du manque d'appui des avant-bras, mais également à cause du petit mouvement répétitif de la main et de l'avant-bras avec la souris. De plus, les muscles intérieurs des mains sont fréquemment crispés.

Exercices spécifiques

Voir la série d'exercices pour soulager les tensions du travail à l'ordinateur, à la fin du chapitre sur la posture, page 112.

L'art dentaire

Les dentistes et les hygiénistes souffrent, pour leur part, de douleurs cervicales et lombaires parce qu'ils sont continuellement penchés au-dessus de leur patient, ce qui demande une flexion en même temps qu'une torsion de la tête et du tronc. La tension dans le haut du dos et entre les omoplates est causée par la position constamment surélevée des bras qui ont de plus à effectuer des gestes asymétriques. Quant aux douleurs et aux inflammations dans les coudes et les poignets, elles sont provoquées par le constant mouvement de rotation du poignet combiné à la contraction continue des mains sur les instruments.

Exercices spécifiques

- Étirements des avant-bras et des pectoraux (voir *Les poignets et les coudes,* page 112 et *Les épaules,* page 112).
- Étirements des rhomboïdes (voir *Le haut du dos,* page 113).
- Exercice dos rond/dos plat (voir *Le dos,* page 115).

La route

Pour les chauffeurs, le fait d'être assis de très longues heures, presque sans bouger (jambes en semi-flexion permanente), et les chocs répétitifs causés par la route engendrent des blessures dans le bas du dos (inflammation du nerf sciatique, entorse) ainsi qu'aux aines et aux genoux.

Exercices spécifiques

- Debout, étirer les bras au-dessus de la tête en pliant les genoux en parallèle, le dos droit, sans basculer le bassin, et en rentrant le ventre ; tenir 10 secondes, et répéter quelques fois.

- Dans la même position, placer les mains derrière la tête, les coudes ouverts de chaque côté, les épaules basses, et faire pression de la tête dans les mains ; tenir la pression 5 secondes ; relâcher, puis reprendre quelques fois.
- Poser un pied sur une chaise (ou le pare-chocs), genou semi-plié, et saisir la pointe de ce pied avec la main du même côté ; garder le dos plat et droit ; tenir 15 secondes, relâcher et reprendre 3 fois pour chaque jambe (étirement de la chaîne musculaire postérieure). Arrêter immédiatement cet exercice si vous avez une sensation de brûlure dans la fesse ou derrière la cuisse, ce qui pourrait indiquer que le nerf sciatique est irrité.
- Placer un pied sur une chaise (ou le pare-chocs), genou plié, l'autre jambe droite ; allonger le bras (du côté du pied au sol) au-dessus de la tête ; bien étirer tout le côté et le devant de la hanche (psoas) ; tenir l'étirement 10 secondes et relâcher ; répéter 3 fois de chaque côté.

La puériculture et les soins aux malades

Les moniteurs de garderie, les enseignants au primaire, les infirmières et les préposés aux malades ont presque toujours les muscles du bas du dos anormalement tendus parce qu'ils ont à se pencher continuellement et à soulever des charges plus ou moins importantes. À cela s'ajoutent, pour ceux qui travaillent avec les enfants, les nombreux agenouillements, souvent avec une charge dans les bras, et encore plus souvent dans un mauvais alignement, presque aussi pénibles pour le dos que pour les genoux.

Exercices spécifiques

- Le dos contre un mur, les pieds parallèles, les genoux fléchis à 90 degrés ; expirer en collant *tout* le dos au mur, en rentrant très fort le ventre et sans soulever les talons ; tenir 5 secondes ; inspirer en redressant les genoux ; répéter 4 à 6 fois (pour le renforcement des jambes et des abdominaux).
- Exercice dos rond/dos plat (voir *Le dos,* page 115).
- Poser un pied sur une chaise, genou semi-plié, et saisir la pointe de ce pied avec la main du même côté ; garder le dos plat et droit ; tenir 15 secondes, relâcher et reprendre 3 fois pour chaque jambe (étirement de la chaîne musculaire postérieure).

L'EMBONPOINT

Marcher, monter et descendre les escaliers, sortir d'une automobile, s'habiller, autant de moments où l'embonpoint gêne les mouvements. L'énergie qu'ils réclament devient démesurée ; on est de plus en plus porté à les éviter, à ralentir, à moins bouger, et voilà que se referme le cercle vicieux...

On ne se doute probablement pas du nombre de malaises sérieux que peut entraîner un excès de poids. Car, génétiquement, le corps est conçu pour que chacune des cellules supporte un poids approprié (qu'on appelle charge pondérale). Toute prise de poids qui dépasse le *poids santé* (dont la norme est quand même assez souple pour admettre certaines rondeurs) demande une adaptation de chaque partie du corps : os, muscles, articulations, organes (spécialement le cœur), vaisseaux sanguins, etc.

C'est comme si vous portiez un survêtement de plomb toute la journée, toute la nuit, tout le temps : la structure est sur-sollicitée, l'équilibre des tensions musculaires est perturbé, les articulations sont forcées (surtout celles du bas du dos et des membres inférieurs – hanches, genoux, voûtes plantaires). Le stress qu'on impose ainsi à l'organisme dépasse les capacités génétiquement programmées, ce qui provoque des difficultés respiratoires, de l'usure prématurée, de la fatigue et même des déformations dues à l'affaiblissement des tissus. Sans parler des risques accrus de maladies : hypertension, maladies cardio-vasculaires et respiratoires, problèmes de foie et de reins, diabète, arthrite, incontinence...

L'obésité galopante

Les modes vont et viennent, surtout en Amérique du Nord. Celle de l'alimentation légère – influencée par la nouvelle cuisine française –, de l'activité physique et du mode de vie sain a connu un point culminant dans les années 80. Les bars offraient diverses eaux minérales, et les restos, des germinations et des salades insolites ; les clubs de santé et d'entraînement physique se sont multipliés à un rythme fou...

Mais en 1994, les derniers résultats d'une vaste étude menée aux États-Unis par les *Centers for Disease Control and Prevention* ont durement ébranlé les illusions qu'entretenaient, depuis les années 70, les citoyens de ce pays sur leur santé et leur mieux-être. Selon cette recherche, le pourcentage de cas d'obésité dans la population américaine qui, depuis 20 ans, oscillait autour de 25 % avait grimpé à 33 % au cours des dernières années.

À l'été 1999, un journal de Los Angeles a publié un reportage sur le revirement d'attitude à l'origine de ces nouvelles statistiques, donnant la parole aux consommateurs : « La vie est trop courte pour se priver », « Manger est un plaisir des sens, et j'en veux pour mon argent », « Pourquoi s'en faire avec quelques kilos en trop ? » Tous les propriétaires de bars et de restaurants (qui avaient remis les gigantesques entrecôtes de bœuf au menu) interrogés par le journaliste étaient d'accord : la sobriété n'avait désormais plus la cote.

Au Canada, la situation est à peu près la même : d'après les dernières données d'une enquête sur la santé cardiaque menée auprès de 20 000 personnes, le taux d'obésité y croît aussi, quoique de façon moins marquée qu'aux États-Unis.

À de rares exceptions près, l'excès de poids est une question de mode de vie et d'alimentation. Évidemment, certains types physiques emmagasinent facilement les graisses – le type méditerranéen, notamment, est caractérisé par de fortes hanches et par une tendance à faire de la cellulite –, alors que d'autres, plus nerveux, affichent une maigreur persistante. Mais pour la majorité d'entre nous, seule une attention constante – surtout après 50 ans, lorsque le métabolisme ralentit – pourra nous éviter de prendre du poids.

Éloge de la bonne table

«Nos ancêtres français avaient développé une véritable science de la table, qui s'est en partie perdue dans le désordre de la colonisation et sous l'influence de l'industrialisation. Le repas traditionnel français, avec ses nombreux services, offre une grande variété de saveurs et d'éléments nutritifs. Avec le résultat qu'on ne s'empiffre pas d'un seul aliment, mais qu'on mange de tout en petites quantités. Sans compter que la pause entre les services permet de ralentir le rythme, de mieux goûter, de mieux digérer et de percevoir, le cas échéant, les messages de satiété de l'organisme.[1]»

Pierre Lefrançois

La mauvaise bouffe

N'êtes-vous pas choqué par les étalages de sucreries – bon marché et de piètre qualité – omniprésents dans les épiceries, les stations d'essence, les couloirs du métro et même dans les pharmacies ? Fausses douceurs qui servent d'analgésiques à une population malade de ses restrictions financières, de ses manques affectifs, du stress de son travail ou de son chômage. Et que dire de tous ces aliments manufacturés (pizzas congelées, «jus» à saveur artificielle, céréales dénaturées, simili-vinaigrettes, soupes en sachet, etc.) dont la valeur alimentaire est *nulle,* mais que la publicité nous assure essentiels à notre bien-être.

Que ce soit dans leurs volumes, dans les magazines, dans les journaux ou dans les émissions de télévision, quantité d'excellents auteurs ne cessent de nous renseigner sur les bienfaits d'une bonne alimentation pour la santé. Tous nous invitent à *prendre conscience* (c'est le premier pas !) de nos habitudes et à changer celles qui nous sont néfastes. L'important, c'est que chacun choisisse l'approche qui lui convient et prenne le temps qu'il faudra à son organisme (et à ses références émotives) pour s'y adapter.

Ceux dont le poids se situe encore dans cette belle zone du poids santé doivent aussi savoir que la pire négligence, c'est de laisser les deux ou trois premiers kilos superflus s'installer confortablement. Une fois qu'on s'y est fait, qu'on s'est procuré de nouveaux vêtements pour se sentir plus à l'aise, la porte est ouverte aux autres kilos !

Par ailleurs, cette norme du poids santé peut parfois s'avérer un leurre, car certaines personnes peuvent sembler s'y conformer, tout en possédant une masse adipeuse trop importante. En effet, il m'est arrivé d'évaluer des sujets si peu musclés qu'ils n'avaient que *le gras sur les os,* si j'ose dire... Ce sont évidemment des gens qui ne font aucune activité physique ni aucun exercice ; avec le résultat que, malgré leur apparente maigreur, ils ont une importante masse de tissus adipeux et leur poids n'est pas du tout santé. À l'opposé, certains athlètes à la masse musculaire très dense peuvent ne pas satisfaire certains critères de santé parce qu'ils ne possèdent pas assez de gras, pourtant indispensable au bon fonctionnement des organes, des articulations et des muscles.

Quant à penser qu'il suffit d'avoir recours aux appareils des centres de conditionnement physique pour perdre un peu de graisse superflue, détrompez-vous ! L'activité physique à elle seule ne fait pas maigrir. De plus, ces efforts, même s'ils sont efficaces à court terme, favorisent la plupart du temps – mais aussi en fonction du type d'entraînement – l'apparition d'un nouveau surplus adipeux pour peu qu'il y ait relâchement dans le rythme de la pratique.

Si j'aborde la question de l'embonpoint dans cet ouvrage, ce n'est pas que nous ayons tous à nous conformer aux canons de la minceur et de la beauté, mais parce que l'excès de poids est un empêchement au bonheur du corps : les gestes devenant plus exigeants, ils rapportent moins de plaisir. On les limite de plus en plus, et toute la liberté et la joie de se mouvoir disparaissent, faisant place à tous les ennuis de la sédentarité.

La solution est pourtant simple : le contrôle du poids se fait grâce à une meilleure alimentation et à l'exercice physique.

La fatigue et le stress

Effet psychologique

Nombreux sont ceux qui semblent constamment angoissés à l'idée de manquer d'énergie, et qui, en conséquence, ne veulent surtout pas la « gaspiller » en efforts inutiles. Dans le langage commun, on dit gaspiller son énergie, comme on le dit de l'argent. Mais, à l'instar de l'électricité ou de la chaleur, l'énergie ne fait que circuler : elle ne s'accumule pas et ne peut donc être conservée pour le lendemain... C'est une résultante métabolique qui, dans la mesure où on est en bonne santé, est là pour répondre aux besoins fonctionnels courants.

De la même manière qu'on a une image de soi, et de son corps, on a une image de sa productivité. Certains se perçoivent comme de « petites natures », alors que les *workaholics* ont l'air de croire qu'il n'y a rien à leur épreuve. Dans l'un comme l'autre cas, cette impression est probablement fausse. Nous avons tous vécu des moments où, aiguillonnés par le désir sexuel, par la colère ou par l'énervement, toute fatigue s'étant évanouie d'un coup, nous nous sommes lancés dans telle activité devenue impérative. Ce sont là démonstrations courantes de la perception erronée qu'on a généralement de sa propre vigueur.

Au cours d'une réflexion sur son état de santé, il faut s'interroger, évidemment, sur ses réelles capacités physiques afin de s'assurer qu'on ne les dépasse pas, car les conséquences peuvent être assez désagréables.... Mais la vraie question, souvent négligée, consiste à savoir si on les exploite au mieux, ou si on en fait toujours moins par crainte de se fatiguer. Les capacités physiques – comme

« Vous vous épuisez. Votre énergie, elle, ne s'épuise pas. Elle circule. De l'instant de votre conception à celui de votre mort. Elle fait son trajet naturel à travers le labyrinthe hermétique de votre corps, jusqu'à ce qu'elle rencontre un obstacle. Alors elle se bute, ne continue plus son trajet, mais se détourne et se dissipe. Vous dites alors que vous êtes épuisé, que vous n'avez plus d'énergie. Mais vous l'avez, l'énergie. Elle est là. Seulement vous l'empêchez de vous servir de la manière la mieux appropriée à votre bien-être.[2] »
Thérèse Bertherat

« Toute activité nécessite et utilise de l'énergie. Mais aucun organisme vivant n'est une machine. Il n'accomplit pas ses activités fondamentales de façon mécanique : ce sont des expressions de son être. On s'exprime par ses actes et par ses mouvements et, lorsque cette expression de soi est libre et appropriée à la réalité de la situation, on ressent une impression de satisfaction et de plaisir due à la décharge de l'énergie. À leur tour, cette satisfaction et ce plaisir stimulent l'organisme à augmenter les activités métaboliques, ce qui se reflète immédiatement par une respiration plus totale et plus profonde.

Dr Alexander Lowen

toutes ressources naturelles – doivent être exploitées si on veut qu'elles gardent leur plein potentiel.

L'énergie, ce n'est pas tant une question de force, de discipline ou de détermination, mais de capacité à se concentrer assez longtemps pour produire ce qu'il y a à produire, avec le minimum d'effort. C'est ce qui permet de s'engager entièrement dans une activité, en mettant de côté les autres préoccupations, de façon à se rendre du point A au point B dans le temps requis.

L'obsession de la fatigue, c'est un peu comme celle de la chaleur, que bien des gens rendent coupable de leur manque d'énergie. Mais c'est plutôt les idées reçues sur la canicule et le cas qu'ils en font qui les conditionnent ; en réalité, par temps chaud, le corps dépense moins d'énergie, ne serait-ce que parce qu'il est plus détendu et les articulations, plus souples. (À preuve, la population des pays chauds comprend autant de travailleurs, d'entrepreneurs ou de penseurs productifs que celle des pays froids ou tempérés.)

L'important est de reconnaître sa fatigue, de l'évaluer – ou de la faire évaluer par un professionnel de la santé, s'il y a lieu – et de prendre les mesures pour l'éliminer ou la réduire. Entre-temps, il faut reprendre contact avec l'être dynamique que l'on sait pouvoir être. Et c'est là qu'entre en jeu l'aspect physique.

L'économie de « bouts de chandelle » dans les gestes usuels n'est certainement pas un bon moyen de se prémunir contre la fatigue, parce que des gestes incomplets ou distordus exigent généralement plus d'effort. Si, par exemple, on ne veut pas se lever pour prendre le dictionnaire à l'extrémité de son poste de travail, il faudra se mettre en déséquilibre sur sa chaise, se tendre – dans tous les sens du terme – pour l'atteindre et porter une lourde charge à bout de bras... Dans le cas contraire, l'organisme bénéficie d'un changement de posture, les pieds reprennent bien contact avec le sol et le dictionnaire est tellement plus léger ! Notre quotidien est rempli de ces gestes mal faits et potentiellement dangereux avec lesquels nous nous imaginons pouvoir en faire moins, ou aller plus vite.

Le temps de repos

Si vous êtes de ceux qui passent de longs moments devant un ordinateur, vous êtes sûrement sensibilisé à la nécessité de prendre des temps de repos... Ce n'est pas pour rien que la pause-café (libre à nous d'en faire une pause-ressourcement) fait partie de la convention collective des employés dans bien des secteurs d'activités.

Évidemment, si vous êtes un travailleur que l'on dit « autonome », il vous faut apprendre à mesurer votre efficacité et à bien évaluer tant la tâche à accomplir que l'énergie qu'elle réclame. Vous devrez aussi, *obligatoirement,* prendre l'habitude de vous accorder des temps de pause et de prévenir la surchauffe avec des mesures de votre choix. Enfin, vous avez intérêt à bien connaître votre métabolisme, afin d'assurer le fonctionnement optimal de votre organisme, à la mesure du stress et de la pression que vous devrez affronter.

Vous trouverez dans ce livre plusieurs suggestions de techniques – de respiration, de méditation ou d'étirements – pour faire rapidement le vide et recentrer votre énergie.

Dans le métier de danseuse, ou dans tout autre art d'interprétation, on ne se demande pas si on a « assez » d'énergie pour accomplir sa tâche. On est sur scène, les collègues comptent sur nous, le public est là, une seule chose compte : livrer le spectacle. Pendant cette représentation, on ne pense à rien d'autre, on est corps-esprit-âme dans ce que l'on fait.

Bien profiter des occasions de repos
À l'Académie des Grands Ballets canadiens, où le régime est exigeant pour l'organisme, le maître de ballet Édouard Caton incitait toujours les jeunes danseurs à bien exploiter les moments de pause, que ce soit en répétition ou en tournée : « Quand vous trouvez un moment pour vous asseoir, allongez vos jambes et reposez votre structure. Apprenez à vous endormir rapidement, afin de profiter des pauses de cinq ou dix minutes pour offrir une courte période de sommeil à votre corps et lui permettre de se détendre avant de reprendre son activité.

Au chapitre de la fatigue, il faut également mentionner cet épuisement nerveux qui survient après un effort démesuré, comme lorsqu'on n'arrive pas à dormir parce qu'on est trop tendu. On sait que le système nerveux commande, de façon autonome, aux muscles et aux nerfs ; si ce système est exacerbé, par suite d'un long effort ou d'une tension d'origine psychique, le corps aura de la difficulté à se relaxer.

Pour rétablir l'équilibre, il faut alors de bonnes techniques de contrôle qui favorisent le retour vers soi, le recentrage et l'harmonie, de façon à redonner au corps toute sa vitalité.

Le manque de sommeil

Pour beaucoup de gens, le moment de s'assoupir s'avère une jouissance profonde : se retrouver confortablement sous les couvertures, la tête sur l'oreiller et les orteils qui s'étirent... Ce moment d'abandon total est unique, chaque fois. Si la journée a été difficile, on se dit qu'elle est enfin terminée, que « à chaque jour suffit sa peine ». Si elle a été agréable, on savoure ses meilleurs moments, les revivant dans le calme et le silence. Un avant-goût d'éternité...

C'est aussi le temps de passer les armes à l'équipe de nuit, à l'autre conscience, celle qui prend le relais des activités métaboliques, celle qui met en marche la machine à rêves. Une fois endormi, le corps vit autrement, avec une intensité dont on a, justement, bien peu conscience. Cette dernière étape mérite donc une attention particulière, si on veut que le corps et l'esprit fassent bien la transition.

Malheureusement, beaucoup ne connaissent que très rarement ou jamais cette volupté, parce que, pour eux, le sommeil se fait attendre au-delà du raisonnable et qu'ils en ont marre de retricoter leur couverture et de ressasser leur journée.

Or le sommeil est précieux. Puisqu'il permet aux cellules de se régénérer, à l'organisme de récupérer, on doit lui conserver toute son intégrité, sa pleine valeur, en dépit des circonstances de vie... ce qui nécessite à la fois de la discipline et de la maturité, voire de la sagesse. C'est pourquoi il est indispensable – quand besoin il y a – de se donner des rituels pour favoriser le passage, l'abandon au sommeil (voir suggestions plus bas). Mais même les gens qui s'endorment sans problème auraient avantage à pratiquer un ou plusieurs de ces exercices afin de dégager l'organisme des tensions de la journée, de sorte que le sommeil soit encore plus bienfaisant. (Quant à l'insomnie qui dure plus que quelques jours, c'est un symptôme qui mérite une attention médicale.)

Le stress, pour le meilleur et pour le pire

Outre le simple fait d'être actif tout le jour, ce qui nous mène inexorablement vers une certaine lassitude, l'organisme doit composer avec d'autres facteurs de fatigue : par exemple, un horaire chargé, la foule dans le métro ou l'autobus, l'irritabilité d'un collègue, le bruit excessif au travail... mais aussi quelque sujet d'inquiétude, comme la maladie d'un proche.

Ces facteurs dits *de stress* ne datent pourtant pas de l'ère moderne : depuis des millénaires, le métabolisme réagit toujours de manière à pouvoir répondre aux deux options qui se présentent à lui : faire face ou fuir (*fight or flight*). Les réactions physiologiques à l'agression (un mammouth qui fonce sur votre abri ou une voiture qui vous coupe sur l'autoroute) sont nombreuses :

- dans un premier temps, les vaisseaux sanguins se dilatent afin de faciliter la circulation sanguine ;
- le rythme cardiaque s'accélère ;
- la respiration devient plus rapide ;
- la tension artérielle s'élève ;
- la perception est aiguisée ;
- les activités digestives sont inhibées ;
- de puissantes hormones sont sécrétées ;
- le corps est prêt à utiliser toute son énergie pour accomplir les tâches de première importance (courir ou attaquer).

Une fois la menace passée, l'organisme retrouve graduellement son calme, sauf si l'agression devient quasi permanente. Dans ce cas, l'équilibre métabolique devient perturbé de façon permanente.

La capacité de réagir adéquatement aux facteurs de stress est donc essentielle au sentiment de bien-être général. Car même si elle relève en premier lieu du domaine psychologique, elle a des répercussions certaines sur l'état de santé physique (l'être humain est corps-et-âme, de la tête aux pieds). Heureusement, il existe des techniques susceptibles de nous protéger des méfaits d'un stress excessif.

La meilleure *mesure préventive*, à mon avis, c'est l'activité physique. Je ne veux pas dire par là qu'il faille bouger pour bouger, ou encore nécessairement pratiquer des sports ou des exercices exténuants. Il s'agit, une fois de plus, de vaquer à ses occupations courantes, mais avec la pleine conscience de son corps, afin d'en tirer détente et satisfaction : faire ses temps d'arrêt, pratiquer le réajustement postural, respirer plus lentement et plus profondément. Bien sûr, si on peut réserver dans son horaire quelques moments pour marcher autour du pâté de maisons ou faire deux ou trois pas de danse dans la cuisine, tant mieux. Un organisme vibrant, en pleine possession de ses ressources naturelles, est capable d'encaisser le stress.

Toutefois, il ne faut pas oublier qu'un *certain degré* de stress est un élément indispensable à la concentration : au lieu d'amoindrir ou de limiter les capacités, il les augmente. Quand un examen approche, la plupart des gens étudient avec plus d'efficacité. Il faut donc se demander, dans les situations stressantes de la vie, de quelle façon cette énergie peut être canalisée positivement.

On peut d'ailleurs apprendre à trouver, à l'intérieur des situations stressantes – qu'elles soient physiques ou psychologiques –, des façons de se concentrer et de se reprendre en main. Parmi les exercices à faire en de telles circonstances, certains sont d'ordre respiratoire, d'autres, d'ordre postural.

Paradoxe

Le stress peut être source d'énergie autant que de fatigue. Sans stress, un danseur ou un acteur ne pourrait certainement pas se produire sur scène (ce serait très ennuyeux, pour lui comme pour le public).

PRATIQUES QUOTIDIENNES

Avant de passer au lit

(À faire même si la fatigue est grande – surtout si la fatigue est grande !)

- S'asseoir quelques minutes et garder les yeux fixés sur la flamme d'une chandelle (c'est moins hypnotisant qu'un feu de foyer, mais ça détend).
- S'étirer pour rééquilibrer les tensions musculaires.
- Respirer profondément une dizaine de fois (gonfler l'abdomen à l'inspiration, laisser l'air sortir lentement par la bouche entrouverte).

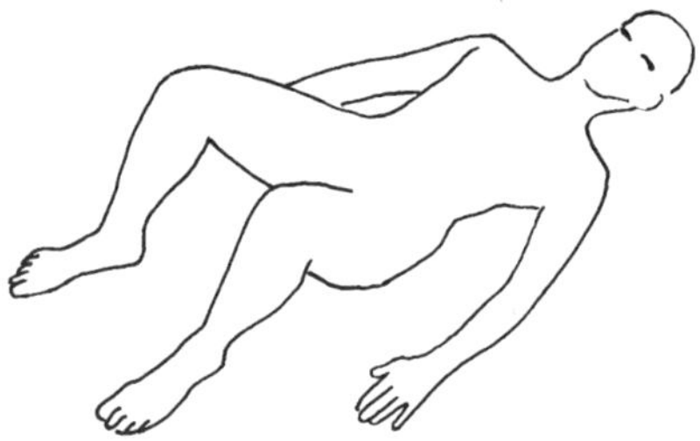

- Se coucher sur le dos pendant quelques minutes, directement sur le plancher, afin que l'horizontalité de celui-ci indique à la colonne vertébrale comment se replacer, et faire quelques respirations profondes. Bien que cet exercice semble anodin, il peut faire toute une différence dans le confort nocturne, surtout en période de grand stress. Il peut aussi se pratiquer à quelques reprises dans la journée.

La ménopause

Les ennuis reliés à la préménopause sont, de nos jours, presque un lieu commun. On blague allègrement, dans les bureaux et les fêtes de famille, sur les sautes d'humeur d'une parente ou d'une amie, quand ce n'est pas une comédienne qui truffe son propre spectacle de jeux de mots sur ses inénarrables distractions et ses bouffées de chaleur. Fort bien : voilà une autre dimension de la réalité féminine qui ne se limite plus aux confidences chuchotées ou à l'officine du médecin. Quand l'humour s'en mêle, le *drame* n'en est plus un et les solutions sont sur le point de surgir.

Mais les taquineries affectueuses ne font qu'effleurer le sujet ; les malaises de la ménopause sont réels.

« Les follicules ovariens cessent de produire des ovules (œufs) et la sécrétion d'hormones œstrogéniques diminue. C'est cette baisse hormonale en particulier qui engendre les troubles. D'autres changements hormonaux incluent l'élévation des *gonadostimulines* (sécrétées par l'hypophyse) et des *androgènes* (hormones mâles) du sang.

« Des bouffées de chaleur et des sueurs nocturnes surviennent dans 70 % des cas. Elles sont plus ou moins intenses et fréquentes. Les bouffées de chaleur durent entre deux et cinq ans, mais peuvent persister plus longtemps ; dans 25 % des cas, elles sont assez intenses pour que la femme demande un traitement à son médecin.

« La sécheresse vaginale est le symptôme majeur présenté par 20 % des femmes ménopausées. Elle est due à l'amincissement de la paroi vaginale et à la baisse du taux d'œstrogènes. Le vagin se rapetisse, perd son élasticité, s'infecte plus facilement ; la sécheresse rend les

La confiance en son médecin, l'écoute active de soi et la patience permettent aux femmes ménopausées de faire les bons choix et de rester sereines.

rapports sexuels plus malaisés et douloureux. Le col de la vessie et de l'urètre subissent des modifications analogues qui provoquent des besoins fréquents d'uriner.

« La peau s'amincit pendant la ménopause, et la sécrétion de sébum (graisse naturelle de la peau) diminue, causant une sécheresse cutanée. Les poils et les cheveux deviennent eux aussi secs et cassants, et tombent plus facilement. [...]

« Il se produit aussi des changements métaboliques, mais en général ils n'entraînent de symptômes que plus tard. Les os perdent leur calcium plus rapidement, surtout durant les trois ou quatre premières années de la ménopause, et une *ostéoporose* (fragilité osseuse) peut se développer en 10 ou 15 ans. Parmi les autres effets métaboliques, on note une élévation de la tension artérielle et une augmentation des graisses circulant dans le sang. Il en résulte un accroissement de l'athérosclérose (dépôts de graisse dans les artères) et une incidence accrue d'insuffisance coronarienne et d'accidents cérébrovasculaires[4]. »

Terriblement concrète, cette description tirée de l'*Encyclopédie médicale de la famille* a de quoi faire frémir. Mais ces malaises ne sont que les symptômes d'une révolution physiologique – comparable à celle de l'adolescence –, la dernière grande crise du genre dans la vie.

Du travail supplémentaire avec ça?

Souvent, la femme préménopausée ne se sent pas bien dans sa peau. Généralement, elle prend du poids, deux ou trois kilos additionnels – presque « exigés » par le métabolisme – qui ne ressemblent en rien à de l'embonpoint et ne devraient pas susciter de réaction catastrophée ; elle connaît aussi des gonflements occasionnels qui compliquent considérablement l'« angoisse vestimentaire » du matin... Évidemment, ces légers changements dans la silhouette sont très mal vécus. D'autre part, le sommeil est souvent troublé, la fatigue se manifeste plus rapidement, plus couramment... Et la pauvre femme doit vivre tout ça en assumant les mêmes responsabilités qu'avant, sinon davantage parce que son expérience lui permet d'accéder à un poste plus important. Mais dans la plupart des milieux de travail, on tolère assez mal les fluctuations d'énergie des employées.

Les femmes doivent continuer à répondre aux diverses attentes, alors même qu'elles traversent un véritable séisme corporel et psychologique. Elles se posent donc des centaines de questions : Est-ce que je suis trop douillette ? Est-ce que je m'organise mal ? Est-ce que je fais une dépression ? Est-ce que mon mari m'aime toujours ? Est-ce que je suis assez compétente pour le travail qu'on me demande ?

Chacune vit les aléas particuliers de sa révolution hormonale sans trop savoir à qui se référer comme modèle de comportement. Car, à quelques exceptions près, la génération des 45-65 ans est aujourd'hui la première à vivre de front ménopause et engagement professionnel. De nombreuses femmes prennent des hormones synthétiques pour contourner les contraintes inhérentes à cette époque de leur vie, uniquement parce que celles-ci compliquent vraiment trop leur travail.

Vivre avec un corps qui change, c'est comme vivre avec un enfant difficile qui nous en fait voir de toutes les couleurs : il faut le comprendre et l'aimer. C'est un accompagnement exigeant, mais c'est la qualité de cet accompagnement qui se base sur les messages corporels et psychiques qui mènera à l'harmonie. Les femmes doivent alors être un support pour elles-mêmes, sur tous les plans.

Réflexions et hormones

La jeunesse comporte son lot de difficultés et de crises ; l'âge moyen ne manque pas de choix complexes. L'âge mûr n'y échappe pas, non plus. Dans le cheminement d'une vie, la ménopause se révèle pour les femmes un avantage à plus d'un titre. D'abord parce que, vu les circonstances, elles doivent être attentives à leur santé ; et puis, parce qu'elles sont obligées de réfléchir sur le passé, le présent et l'avenir de leur être physique, affectif, intellectuel et spirituel. Ce sont souvent les constats provoqués par les soubresauts de la ménopause qui amènent les femmes à réaliser leurs aspirations profondes, qu'elles soient intimes ou sociales.

Les femmes qui vivent pleinement et consciemment cette période acquièrent habituellement une force morale et psychologique particulière. Le genre de force qui les rend capables de vraiment comprendre et accepter les autres... puisqu'elles ont appris à s'accepter elles-mêmes.

À mon avis, la ménopause est un grand moment pour la connaissance et l'affirmation de soi.

Dans certains cas, toutefois, les malaises sont éprouvants, voire intolérables, et requièrent donc une médication. Il est aussi fort légitime de vouloir vieillir *debout* – la fracture de la hanche étant une conséquence fréquente et débilitante de l'ostéoporose – mais l'hormonothérapie n'est pas le seul moyen d'y parvenir. (Évidemment, pour contrecarrer les risques accrus de cancer de l'endomètre qu'entraîne l'œstrogénothérapie, il faut aussi prendre sa petite pilule de progestérone, mais c'est là un scénario courant dans la médecine moderne, où une seconde substance sert à annuler les effets pervers de la première.) Avant d'entreprendre une telle médication, il faut toutefois se donner le temps d'apprivoiser ces émotions nouvelles, analyser vraiment, pour soi-même, les étapes à traverser et juger de ce qui est meilleur pour soi.

Si on connaît bien les avantages de l'hormonothérapie substitutive, on sait également qu'il est possible de prendre les mesures adéquates assez tôt dans la vie pour se maintenir en bonne santé : une activité physique régulière et une alimentation saine.

Adapter ses demandes à la réalité

À la préménopause, il est important qu'une femme fasse ce qu'elle aime et ce qui lui convient. On peut continuer à s'aimer si on s'écoute, si on s'apprend, se réapprend, si on se regarde changer, comme on regarde un enfant faire un apprentissage. S'écouter ne veut pas nécessairement dire se dorloter, mais être sensible à ce qui se passe dans son corps. Y a-t-il plus ou moins de fatigue, un stress nouveau, négatif ou positif ? Que s'est-il passé pour que l'équilibre des dernières semaines soit tout à coup chamboulé ? Avec une bonne conscience des fluctuations de l'organisme, on peut en venir à gérer ses activités en fonction des variables et à intégrer certains comportements compensatoires.

Il existe des outils qui affinent la sensibilité aux *caprices* de votre métabolisme, notamment le contrôle de la respiration et les exercices d'étirement. Avec un minimum d'attention, par exemple, vous vous rendrez compte qu'au cours des différentes périodes du cycle menstruel, le niveau d'effort exigé par les exercices de contractions abdominales varie considérablement. S'ils sont plus difficiles à réaliser pendant l'ovulation, il ne faut pas vous en abstenir pour autant ; il s'agit plutôt d'ajuster vos attentes en fonction de votre capacité de rendement.

S'écouter, c'est reconnaître et accepter que le corps n'est pas une mécanique à roulement constant. C'est s'adapter à la réalité.

La perte de son corps de jeune femme constitue un deuil important mais inévitable : pour reprendre une formule connue, « il faut passer par là pour vivre longtemps » ! Au lieu d'essayer en vain de préserver un corps tel qu'il a été désiré et aimé, on peut faire en sorte que ce corps demeure désirable, parce que bien adapté et *heureux*. Un corps qui ne soit pas frustré. Le respect de soi, c'est se donner le corps qui soit parfait pour l'étape à laquelle il est rendu, avec toutes ses qualités d'énergie, de générosité, de plénitude. L'entourage ne peut qu'être attiré par une femme mûre, bien dans sa peau. Cette démarche n'est pas nécessairement la plus facile, mais sans doute la plus positive, la plus constructive.

La métamorphose

« À 49 ans, mon corps lance de nouveaux signaux. De nouvelles vagues d'hormones m'emportent dans une aventure inconnue. Être femme, c'est jouir d'une sexualité à métamorphoses ; j'aborde la dernière, celle où va se refermer la voie qui a ouvert mon sexe aux fêtes dionysiaques de la vie. Ce passage du mitan de ma vie, je veux le ressentir, l'explorer, le vivre pleinement. Au diable ma peur !

« Une nouvelle énergie m'habite. Elle devient conscience du moment présent plutôt que fatigue. J'arrête de courir. J'ai envie d'être là. Après avoir brûlé ma jeunesse dans toutes les extases, avoir traversé des tempêtes d'émotions et m'être dispersée en mille agitations, le temps est venu de jouir dans la tranquillité. Totalement disponible, j'entre dans mes véritables noces avec le monde.
« Il y a les jours du cocon. Jours ouatés, jours de la bulle si semblable à celle de la grossesse. L'agitation du monde devient lointaine. J'éprouve un irrésistible besoin de solitude, de silence, de me mettre à l'écoute des voix intérieures étouffées par la vie active. Voix du corps, du cœur et de l'invisible. Parfois, je pleure en douceur la disparition de la marée des hormones et du sang tiède qui coule à chaque nouveau cycle de vie. Je fais le deuil de la métamorphose mensuelle du ventre. Les jours du cocon, j'affiche la pancarte "Ne dérangez pas", et je m'abandonne dans la chrysalide où je tisse les ailes de ma dernière métamorphose de femme[5]*. »*

Marie-Thérèse Ribeyron

La perte de la densité osseuse

L'ostéoporose est une maladie caractérisée par l'affaiblissement des os ; elle comporte des risques importants de fractures au moment d'un choc ou même d'un effort modéré (comme essayer d'ouvrir une fenêtre récalcitrante).

On se représente souvent les os comme des éléments solides et inertes, mais ce n'est pas du tout le cas. Durs comme de l'ivoire à la surface, poreux et souples à l'intérieur, les os sont des tissus vivants faits de minéraux, de collagène, et de... 50 % d'eau. En plus de former la structure qui supporte le corps, leur rôle consiste à emmagasiner puis à libérer le calcium nécessaire à l'organisme. Pendant la première partie de la vie, le tissu osseux accomplit cette dernière fonction tout en maintenant l'équilibre qui lui est nécessaire ;

mais à partir de 35 ans chez les femmes et un peu plus tard chez les hommes, la densité osseuse diminue[6].

Malheureusement, les femmes sont désavantagées dans cette recherche d'équilibre : la nature veut qu'elles aient une masse osseuse moindre que celle des hommes, et la chute d'œstrogènes qu'elles subissent à la ménopause en accélère la déperdition.

En l'occurrence, la prévention devient le seul remède. Plus les os auront été nourris et stimulés avant 35 ans, mieux ils pourront supporter la phase de décalcification. Plus les activités de prévention seront continues après 35 ans, moins grande sera la perte.

Les exercices

Les magazines et la télévision nous informent régulièrement des bienfaits de l'exercice physique en période de ménopause et après celle-ci, particulièrement comme prévention de l'ostéoporose. Trois principaux facteurs influent sur la capacité des os à emmagasiner le calcium : le niveau d'hormones sexuelles, la nutrition, et les activités physiques au cours desquelles les os sont soumis à un stress spécifique. Il s'agit de faire porter une charge par les membres et le tronc : la marche, par exemple, favorise l'augmentation de la masse des os des membres inférieurs ; les poids et haltères font de même pour les membres supérieurs. La démonstration la plus éloquente de ce phénomène a été faite à plusieurs reprises à la suite des vols orbitaux : en état d'apesanteur, les astronautes souffrent d'une perte significative de leur masse osseuse, ce qui se traduit par une baisse importante de leur taux de calcémie[7].

Même s'ils n'ont pas d'effet direct sur le degré d'ostéoporose, les autres types d'activités gardent cependant toute leur valeur ; par exemple, les exercices d'étirement qui aident au renforcement de la musculature profonde, prévenant ainsi le tassement osseux de la colonne.

Il est incontestable que, lorsqu'on sent son corps tendu et enflé, entreprendre un exercice demande une volonté de fer. Et ces efforts ne sont pas toujours récompensés comme on le souhaiterait ; c'est alors que le courage flanche...

Si on veut s'assurer de pouvoir demeurer fidèle à ses résolutions, il faut d'abord avoir réfléchi sérieusement aux cinq questions suivantes :

1. Est-ce que j'aime suffisamment mon corps pour consacrer du temps et de l'énergie à son bien-être ?
2. Est-ce que j'entreprends cette activité pour *mon* bien-être ? (Ou pour me donner bonne conscience ?)
3. Suis-je convaincue que cette pratique me sera bénéfique ?
4. Suis-je prête à modifier mon horaire pour y inclure cette période d'activité ?
5. Suis-je souvent trop fatiguée pour respecter cet engagement ?

Inutile de vous lancer dans quelque activité que ce soit tant que vous n'aurez pas répondu par l'affirmative aux quatre premières question et, bien sûr, par la négative à la dernière, puisque vous risquez alors de tout abandonner au bout de quelques semaines... ce qui n'est jamais très bon pour le moral.

À partir de la préménopause, il est primordial de se donner l'occasion de pratiquer des activités de divers types, de façon à équilibrer la dépense énergétique, à varier l'effet sur la structure musculo-squelettique et à éviter les blessures

Que veut dire nécessaire ?
Selon un sondage effectué en 1999 par la Société d'ostéoporose du Canada, 53 % des femmes disent ne pas avoir le temps de prendre les mesures nécessaires pour préserver leur santé.

d'usure. Il faut également choisir des activités ludiques, amusantes – pour avoir envie de les poursuivre, mais aussi juste pour le plaisir. Parce que, si on ne commence pas maintenant à faire des choses par plaisir, quand le fera-t-on ?

PRATIQUES QUOTIDIENNES

Pour la prévention de l'ostéoporose

- Faites quotidiennement des exercices qui font supporter un poids aux membres : marcher (en tenant des poids légers dans les mains), faire des semi-flexions des genoux, courir, danser, soulever des poids légers... Si vous pratiquez la natation ou le yoga, par exemple, ne les comptabilisez pas dans votre régime de prévention, puisque ce ne sont pas des activités où les membres ont à porter du poids. (Berkeley Welness Center, Université de Californie)

Le vieillissement

La société post-industrielle s'inquiète du fait que l'âge moyen de sa population augmente. Jusqu'à très récemment, pourtant, les « anciens » constituaient la richesse d'un peuple... Le vieillissement est devenu sujet d'actualité, alors que toute une industrie du rajeunissement s'organise pour profiter de la nouvelle psychose !

Toutefois, il n'est plus rare de voir des personnes de 80 ans qui jouissent de leurs pleines capacités, aussi bien intellectuelles que physiques. Quant aux incapacités fréquentes qu'on observe à cet âge, elles varient beaucoup d'un individu à l'autre. Comme on dit : « Vieillir reste le meilleur moyen de vivre longtemps. »

D'ailleurs, qui décide à quel moment on devient *vieux* ? En 1932, les démographes français avaient établi l'âge charnière à 50 ans ; en 1948, leurs collègues l'avaient porté à 60 ; en 1978, ils en étaient à 65 ans... C'est que, pour une société donnée, cette notion varie en fonction de diverses conditions : l'aisance matérielle, l'organisation des soins de santé, les conditions d'hygiène et l'importance de la prévention.

On sait que l'espérance de vie ne cesse d'augmenter et qu'elle a fait un bond prodigieux dans la deuxième partie du XXe siècle. Or, il s'avère que dans ce passé « misérable » où, croit-on, tout le monde mourait d'usure prématurée à 25 ou 30 ans, l'histoire de la longévité a connu au moins une anomalie, celle de la Grèce antique, il y a quelque 2500 ans. Le mathématicien Pythagore a vécu jusqu'à 80 ans, Hippocrate, le « père » de la médecine, est mort entre 90 et 100 ans, Platon, à 81 ans, et Sophocle avait environ 82 ans quand il a écrit *Électre*.

«Ce qui distingue l'Antiquité grecque, c'est l'art de vivre d'une civilisation portée vers la gymnastique de l'esprit et celle du corps. Le souci de l'hygiène était remarquable. Et la modération était une vertu. "Rien de trop" était une devise populaire. Socrate surveillait son ventre[8]...»
Olivier Postel-Vinay

Par la suite, malheureusement, les statistiques grecques ont progressivement rejoint les normes courantes. Les scientifiques en ont donc déduit que ce n'était ni le climat, ni l'alimentation (dont cette huile d'olive à laquelle on confère tant de vertus) qui profitaient tant aux Grecs, mais plutôt leur art de vivre !

Il faudra se souvenir de ça ! Toujours est-il que les propos alarmistes sur le vieillissement de la population ne tiennent pas compte du fait qu'une proportion de plus en plus grande des personnes au-delà de 60 (ou 65) ans est de plus en plus scolarisée, active et en santé.

On ne soulignera jamais assez l'importance qu'on devrait accorder, dans la transmission du savoir, à l'intervention de tous ces gens en pleine maturité, capables de jouer leur rôle social de guide et de mentor. Comme le faisaient remarquer plusieurs conférenciers lors d'un colloque intitulé *Conscious Aging (Vieillir avec conscience)*, tenu à New York en 1995, il existe actuellement très peu de modèles de sagesse vieillissante. Les jeunes ont pourtant désespérément besoin de ce genre de modèles. La rupture de continuité entre les générations est aujourd'hui souvent perçue comme une des raisons majeures de la perte du sens de la vie chez les jeunes[9].

Les 30-50 ans seront-ils assez nombreux ? Auront-ils le souffle, les connaissances, la patience, la perspective nécessaires pour tout gérer ? Pour faire fonctionner le monde ? Malgré le désir d'entrer dans une phase de vie moins exigeante sur le plan professionnel (bien qu'une « retraite » de 25 ou 30 ans me semble absurde), les gens de 50 ans et plus ont-ils vraiment envie d'abdiquer, de laisser toute la responsabilité aux plus jeunes ?

Des moments critiques

« Mourir, la belle affaire. Mais vieillir... ! » Avec ces quelques mots, Jacques Brel évoquait le spectre qui hante les gens qui atteignent le mitan de la vie. La vieillesse, ça commence pourtant dans l'âme et dans la tête. Ça commence quand on abdique, quand on se laisse aller, quand on devient frileux (dans le corps, la tête et le cœur), s'empêchant d'agir, de *vivre*. Quand on pense triste. Quand on cesse de rire.

On sait que, pour les personnes d'âge mûr, il existe trois moments critiques où les problèmes de santé et la mortalité augmentent de façon significative :

- la mise à la retraite, qu'elle survienne à 50 ou à 80 ans ;
- le divorce ou le veuvage, que le couple ait été marié ou non ;
- la prise excessive de médicaments par crainte des handicaps associés à l'âge.

La meilleure façon de faire échec aux contrecoups de l'une ou l'autre de ces situations, c'est de ne pas mettre tous ses œufs dans le même panier (un seul intérêt), et donc d'entreprendre des activités qui permettent de se maintenir longtemps actif. Ce n'est pas mon intention d'en proposer ; chacun sait comment mettre à profit ses ressources, celles qu'il a déjà développées, ou celles qu'il a jusqu'à maintenant tenues en veilleuse.

Par ailleurs, certaines recherches semblent démontrer que la détérioration qui survient après la retraite, si elle survient, « serait généralement due à une maladie ou à une faiblesse déjà présente » ; en fait, de nombreuses

« En continuant d'avoir une vision stéréotypée et irréelle du vieillissement, en continuant d'avoir peur des changements qui affectent notre corps, en continuant aussi à résister aux transitions naturelles de la vie et en voulant occulter tout le territoire de la mort, on est en train de passer à côté des cadeaux les plus importants que la vieillesse peut donner à notre culture en crise : une perspective mature et une vision spirituelle. La redécouverte du pouvoir et de la fonction des vieux devient une question de survie quand, comme aujourd'hui, nos cultures sont constamment au bord du gouffre[10]. »
Rabbin Zalman Schachter-Shalomi

Rire est une capacité physique qui ne se perd jamais.

personnes se portent mieux à la retraite grâce à un mode de vie plus paisible et souvent plus sain[11].

Il importe aussi d'avoir une vie affective riche. Toutes les recherches le prouvent, il est indispensable d'entretenir des rapports chaleureux avec des gens de son entourage si l'on veut préserver son équilibre psychique et le sens de son appartenance au monde. Quant à la nécessité de se garder en forme, c'est une évidence. Mais il faut également apprendre à bien se connaître afin de savoir comment répondre adéquatement à ses nouveaux besoins.

L'arrivée de la douleur

L'idée la plus répandue en ce qui concerne la vieillesse, c'est probablement qu'il s'agit d'un temps où « on ne pourra plus faire comme avant » : plus jouer au tennis, plus s'asseoir par terre, plus se coucher aux petites heures du matin... Mais les limitations – de force, de souplesse, de souffle – se manifestent si graduellement qu'on s'en rend plus ou moins compte. De ce fait, la plupart des gens ne cessent pas de s'adonner à leurs activités préférées du jour au lendemain, mais en réduisent l'intensité, modifient peu à peu certaines manières de faire, contournent les petits problèmes qui surgissent.

Cependant, il existe une réalité plus tangible, c'est l'apparition de la douleur ; et quand elle est là, impossible de l'ignorer. Même si elles ne sont pas toutes affectées de la même façon, toutes les personnes vieillissantes sont sujettes à cette éventuelle douleur. Quand on en est conscient, on peut faire une démarche d'acceptation, et augmenter son seuil de tolérance... ce qu'ont sûrement fait toutes les personnes qui *semblent* en bonne santé ; d'autres, par contre, se laissent affecter par le moindre malaise. C'est une question de personnalité, mais aussi de sensibilité ou d'équilibre affectif : si on est inquiet, si on se sent délaissé, la douleur prendra une place plus importante et on s'en plaindra plus fréquemment. Mais quelle que soit son intensité, il est essentiel de la bien mesurer et de l'exprimer avec réalisme, afin de permettre à l'entourage de percevoir la juste réalité et d'agir en conséquence.

Car l'honnêteté fait aussi partie d'un processus continu d'autonomie et de prise en charge de sa santé. Les proches qui ont à prendre soin d'une personne âgée ne savent pas toujours comment agir ; si cette personne envoie des messages exagérément dramatiques ou, au contraire, faussement rassurants, leur tâche sera encore plus difficile. Apprenons à vieillir en restant sincère, ouvert aux autres. Il est important que nos proches connaissent notre état et sachent ce qu'on ressent, de façon qu'ils puissent nous épauler adéquatement, d'une part, et qu'ils ne se sentent pas manipulés ou rejetés, d'autre part.

L'activité physique

C'est vers l'âge de 11 ou 12 ans que l'organisme humain jouit du meilleur rapport poids/énergie. C'est à ce moment qu'on court le plus vite, qu'on saute le plus facilement, qu'on joue le plus longtemps sans s'épuiser. Avant, la force et l'endurance sont insuffisantes ; après, le poids du corps devient plus lourd à porter. C'est dire que les limitations physiques se font sentir très tôt dans la vie… Mais ce n'est pas une raison pour laisser la force de l'attraction terrestre nous immobiliser. Car le vieillissement est un processus inéluctable, mais sur lequel la majorité d'entre nous peuvent exercer un certain contrôle.

S'adonner à la pratique sportive dans sa jeunesse n'évite pas nécessairement à quelqu'un de souffrir plus tard : cela dépend notamment des sports choisis, de la façon dont on les pratique, à quelle intensité, à quelle fréquence, quelles pressions on impose aux articulations et quelles blessures on a subies. Celui qui sollicite son corps de façon excessive, avec des exercices violents par exemple, se prépare une vieillesse pénible et douloureuse. Mais le rythme ou la manière de pratiquer un sport ou quelque activité physique auront aussi leurs répercussions plus tard : un après-midi de squash suivi d'une semaine d'immobilisme, ou un été de plein air suivi de trois saisons pantouflardes, ou un corps d'athlète qu'on arrête brusquement d'entraîner à 35 ans ne constituent pas de très bonnes recettes de santé.

On sait qu'avoir une vie physiquement active est l'une des principales conditions de la santé à long terme (la première étant l'hérédité). Heureusement, même celui qui n'a jamais vu à repousser ses limites peut encore, assez tard dans la vie, entreprendre un régime d'activités approprié à son âge et ainsi entrer plus doucement dans la vieillesse. On a vu, par exemple, des gens âgés dont les mains étaient durement affectées par l'arthrite améliorer leur capacité de préhension en jouant régulièrement avec de la pâte à modeler. (Même si leur tonus s'est amélioré, il ne peut évidemment pas se comparer à celui de personnes qui ont « nourri » leurs mains tout au long de leur vie.)

À l'Université de la Californie à Berkeley, on a recruté un groupe de personnes âgées de 70 à 80 ans, à qui on a demandé de suivre un programme d'activités sportives adaptées à leur âge et à leur condition. Au bout de trois mois, les médecins ont pu mesurer une amélioration de la condition physique des participants, notamment une plus grande capacité cardio-respiratoire et une meilleure tonicité musculaire.

Dans une autre recherche, menée à la faculté de médecine de l'université Washington, à St.-Louis, la capacité cardio-vasculaire d'hommes et de femmes dans la soixantaine avait augmenté de 25 % à 30 % après un an d'entraînement à l'endurance.

« Plusieurs des problèmes rattachés au vieillissement – plus grande masse adipeuse, perte de la densité osseuse, réduction de la force et de la souplesse des muscles, métabolisme et réflexes ralentis – sont généralement des conséquences de l'inactivité et peuvent être diminués par l'exercice. En fait, de nombreuses personnes qui s'entraînent régulièrement, hommes et femmes dans la cinquantaine et la soixantaine, ou même davantage, sont en meilleure condition – selon des standards reconnus – que les jeunes gens sédentaires[12]. »

Il n'y a pas nécessairement d'avantage, du point de vue corporel, à toujours chercher le minimum d'effort au moment d'accomplir un geste. Au contraire : il est parfois préférable de choisir consciemment un mouvement ou une posture qui va mener le corps un peu plus loin dans l'effort. Si vous commencez à 40 ans à laver vos pieds dans le lavabo, vous pourrez peut-être encore le faire à 60 ans ; et, à 70 ans, vous n'aurez pas de difficulté à entrer dans la baignoire ! Quand on fonctionne avec le minimum d'effort toute sa vie, on se prive d'une multitude d'occasions d'entraîner son corps à la force, à la souplesse, à l'endurance, à l'équilibre et à la vitesse...

De bons vieux muscles

Les personnes âgées ont souvent une démarche mal coordonnée, un peu comme celle d'un robot, car le manque de mobilité au niveau du bassin a pour conséquence de réduire l'équilibre. Plus la dégénérescence s'accentue, moins il sera facile de monter et de descendre d'un véhicule, de ramasser un objet par terre, de rejoindre un livre sur la tablette du haut de la bibliothèque... Voilà des gestes courants, quotidiens, qui composent ce que nous appelons la fonctionnalité (on est déjà loin du bien-être). Et il y a pire : le durcissement des articulations peut graduellement compromettre l'autonomie (quand on n'arrive plus à attacher ses souliers), sinon la sécurité (quand on n'arrive plus à tourner la tête).

Petit à petit, la qualité des tissus se modifie ; on doit donc envisager de modifier au fur et à mesure la relation avec son propre corps afin de demeurer mobile et fonctionnel. Il faut parfois trouver une autre façon d'atteindre le même résultat, sans pour autant affecter les muscles et les articulations. Si on veut jouer encore longtemps au tennis, il faut changer ses critères de performance – question d'éviter les blessures ou les accidents. Cela demande une bonne pratique de l'écoute de soi (rappel : écoute de soi ne veut pas dire paresse ou complaisance).

Cela dit, chaque marathon, chaque rallye de vélo, chaque randonnée en montagne compte toujours quelques participants plutôt âgés, qui font blêmir de honte tous les spectateurs...

Pratiques quotidiennes

- Ne négligez aucune occasion de faire de petits efforts qui entretiennent la musculature : serrer les mains, porter des paquets, vous accroupir, etc. Contractez les muscles au mieux de leur capacité, sans jamais atteindre le point de douleur.
- Pour renforcer vos bras : prendre une boîte de conserve dans chaque main, paumes vers le haut, placer les coudes près du corps et les avant-bras devant, ramener les poids aux épaules plusieurs fois.
- Quand vous avez à porter un sac d'épicerie, contractez les muscles pour bien le tenir plutôt que de le laisser pendre à bout de bras.
- N'abandonnez pas vos habitudes de coquetterie : attacher un collier, un bracelet, fixer des boucles d'oreilles, mettre du vernis à ongles sont des gestes qui exigent minutie et précision ; tant que vous les faites, vous demeurez attentive à cette dimension de votre mobilité.
- Pour trouver un entraînement qui convient à votre condition physique, consultez une personne qualifiée.

RÉFÉRENCES

1. Magazine *Guide Ressources,* vol. 10, n° 10.
2. Thérèse Bertherat, *Le corps a ses raisons,* Paris, éd. du Seuil, 1976.
3. Dr Alexander Lowen, *La Bio-Énergie,* Montréal, éd. du Jour/TCHOU, 1976.
4. *Encyclopédie médicale de la famille,* Association médicale canadienne, Sélection du Reader's Digest, 1996 (un excellent outil de référence).
5. *Berkeley Wellness Letter.*
6. Magazine *Guide Ressources,* Montréal.
7. *Idem.*
8. Magazine *La Recherche,* n° 322.
9. Magazine *Guide Ressources,* Montréal, novembre 1992.
10. *Idem.*
11. Magazine *La Recherche,* n° 322.
12. *Berkeley Wellness Letter,* Université de la Californie à Berkeley.

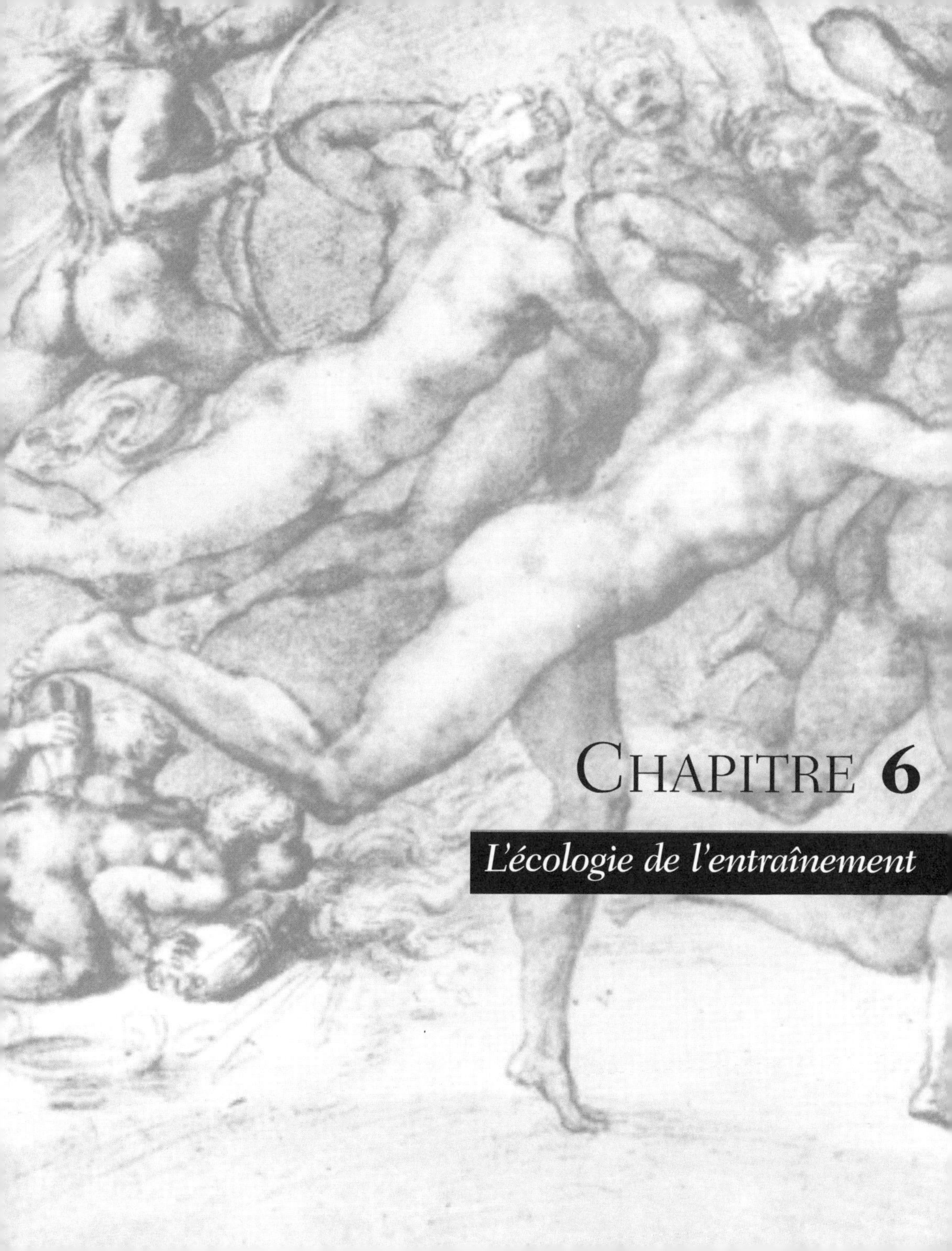

CHAPITRE 6

L'écologie de l'entraînement

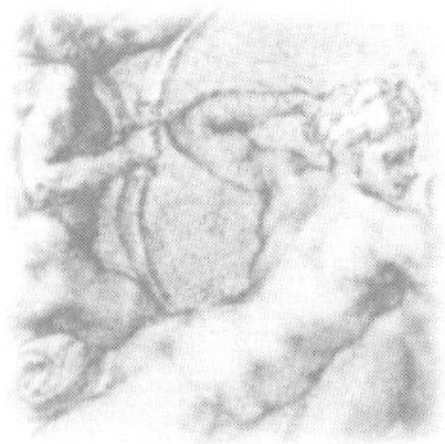

DÉVELOPPER SON « OUTIL »

- *Entraînement général et entraînement sportif*
- *Entraînement préparatoire*
- *Les quatre étapes : réchauffements, exercices, étirements, retour au calme*
- *Fréquence, durée et intensité*
- *Le surentraînement*

COMMENT CHOISIR UNE ACTIVITÉ ?

- *L'idée des bénéfices complémentaires*
- *Les qualités socio-affectives des activités*
- *Mes derniers conseils…*

Pour la Grèce antique, la perfection du corps — qui allie force et beauté — s'inscrivait dans une recherche d'idéal auquel aspirait tout homme bien né. Depuis, cette notion n'a cessé de marquer, sous des aspects divers, la civilisation occidentale. À l'ère moderne, l'éducation physique et la pratique des sports ont longtemps été réservées à l'élite de la société. Alors que l'escrime, l'équitation ou le jeu de paume faisaient partie des activités quotidiennes des nobles et autres grands de ce monde, il ne serait jamais venu à l'idée d'un paysan, d'un ouvrier ou d'un simple clerc d'oser prétendre à de tels loisirs, exception faite peut-être pour la boxe. C'est seulement vers la fin du XIXe siècle qu'apparaissent dans la classe moyenne les premiers « sportifs » : cyclistes, rameurs, nageurs. À cette époque, les femmes de bonne tenue se contentent de jouer au croquet, peut-être au tennis, mais ne s'exposent jamais au soleil.

Ce n'est qu'en 1902, huit ans après le début des Jeux olympiques modernes, que les femmes y ont été admises dans les compétitions de natation ; pour les épreuves féminines de gymnastique, il faudra attendre 1928. Évidemment, seules y participent celles dont les parents admettent et encouragent de telles activités.

Par la suite, les sports et activités de plein air sont entrés dans les mœurs. Le plaisir, le défi, la liberté,

Être en forme, c'est avoir un corps dont tous les réflexes – musculaires, articulaires et posturaux – correspondent aux habiletés nécessaires dans le quotidien.

l'autonomie et la fierté qu'ils procurent étaient enfin reconnus comme un besoin tant psychique que physique. Aujourd'hui, des agences gouvernementales exhortent les gens à « prendre l'air », à « jouer dehors », à « être actifs ». Mais l'économie occidentale n'a pas attendu les conseils du ministère de la Santé pour faire sa propre propagande, proposant chaussures, vélos ou skis de plus en plus coûteux et sophistiqués.

Chaque sport, on s'en doute, fait appel à des habiletés particulières : la planche à voile ne met pas en œuvre les mêmes muscles et les mêmes réflexes que le tennis ; le ski alpin et le ski de fond exigent des efforts musculaires très différents ; même chose pour la brasse ou le crawl, pourtant tous deux de même nature.

Je vois régulièrement des gens qui courent quatre ou cinq fois par semaine, mais qui ont de la difficulté à se pencher pour attacher les lacets de leurs chaussures. Certains font beaucoup de natation, mais quand ils se tiennent debout, leur posture est affaissée, et ils ont souvent mal au dos. Bref : être « actif » ne garantit pas automatiquement une bonne posture ni toutes les composantes d'un corps heureux.

On sait que la pratique d'un sport *n'est pas* un entraînement : cela divertit, détend et permet une dépense énergétique, toutes choses éminemment souhaitables. Mais la véritable bonne forme physique se construit et s'entretient grâce à un ensemble d'exercices appropriés.

DÉVELOPPER SON « OUTIL »

Entraînement général et entraînement sportif

Il faut distinguer *entraînement général* et *entraînement sportif* (spécifique à la pratique d'une activité). Le premier sert, au départ, à garder le corps en forme et à lui permettre de pratiquer un sport sans danger (c'est le principal sujet de ce livre), mais aussi à rééquilibrer l'organisme et à corriger les dysfonctions que provoquent, par exemple, une mauvaise posture ou les mouvements répétitifs.

L'entraînement sportif, pour sa part, sert à préparer la musculature pour une activité spécifique : les adeptes du ski alpin, par exemple, ont notamment besoin de quadriceps et d'obliques bien développés.

Qu'ils soient sportif ou général, ces entraînements suivent les mêmes règles de base : répéter suffisamment un mouvement ou un exercice pour que le système nerveux affine son *commandement*, et pour que les muscles développent la force et la souplesse requises. Et afin qu'ils atteignent les objectifs qu'on s'est fixés, les exercices suivent une certaine progression, tant en termes de difficulté que de durée. L'activité sportive, par contre, comporte toujours les mêmes paramètres : la raquette de tennis pèse le même poids et le golf demande toujours ce mouvement de swing.

On a tous eu vent de ces hockeyeurs du jeudi soir qui, en pleine action, sont terrassés par une crise cardiaque, pour avoir demandé un effort trop grand à leur organisme trop peu entraîné.

Entraînement préparatoire

Combien de fois a-t-on entendu cette doléance : « Chaque fois que j'ai essayé de faire du sport, je me suis blessé (aux genoux, aux épaules, au dos...). » Or, pour peu qu'on se soit préparé adéquatement, selon l'activité projetée, il

Si l'entraînement sportif développe des habiletés, l'entraînement au quotidien développe un meilleur « outil ».

Les appareils
Avant de se mettre à un entraînement aux appareils, on doit faire en sorte de stabiliser et de tonifier les muscles profonds de la colonne, des épaules et des hanches. Aucun appareil de musculation ne permet d'atteindre la stabilisation des ceintures scapulaire et pelvienne, en équilibre avec les muscles profonds ; sans cette stabilisation, vous risquez de subir des blessures. Par la suite, les programmes aux appareils doivent être guidés par un entraîneur professionnel et effectués sous surveillance.

n'y a aucune raison que cela se produise. On rêve de bons coups au golf pour l'été suivant, on s'imagine faire la traversée de Charlevoix en ski de fond, on a décidé de faire du trapèze ? Avant d'atteindre de tels objectifs, il y a quelques étapes à franchir... Notre organisme est dans un état X, plus ou moins en forme, et on veut l'amener à l'état Y, muni de toutes les qualités nécessaires. Soit ! Procédons avec logique et respect de soi.

Tout entraînement préparatoire à une activité sportive demande, dans un premier temps, que l'on éveille son corps par des exercices d'assouplissement et de renforcement général ; on peut ensuite commencer les exercices de renforcement spécifiques à l'activité que l'on veut pratiquer.

Si, par exemple, le jogging ou la course vous intéresse — et si vous voulez vous y mettre sérieusement et pour longtemps —, il vous faudra passer par quelques rituels préparatoires... Car il s'agit d'un sport fort exigeant pour le système cardio-vasculaire et très dur pour les articulations des membres inférieurs et, surtout, du bas du dos.

Vous commencez donc par suivre un programme d'étirements : abducteurs et adducteurs, pelvi-trochantériens, ischio-jambiers, quadriceps, mollets, pectoraux et colonne vertébrale. Lorsque le corps a acquis une certaine aisance, vous ajoutez des exercices de renforcement : abdominaux, tronc et dos, d'abord, mais aussi des membres inférieurs — hanches, genoux et chevilles — pour que les bons alignements soient respectés au moment de la course elle-même.

Après environ un mois de conditionnement régulier (deux à trois fois par semaine), vous êtes prêt à entreprendre un entraînement plus spécifique. Il s'agit de marcher

2 kilomètres par jour à une vitesse modérée ; après quelques semaines, vous doublez la distance, tout en gardant le même rythme ; quelques semaines encore et vous augmentez la vitesse de façon à couvrir la même distance dans un temps moindre. Vient ensuite le moment d'alterner la vitesse de marche : modérée d'abord (10 minutes), puis accélérée (10 minutes), et ainsi de suite pendant une heure. Voilà. Trois ou quatre mois se sont écoulés, vous faites encore et toujours les exercices d'assouplissement et de renforcement, et vous êtes dans une forme que vous n'avez jamais connue auparavant : vous êtes prêt à savourer tous les plaisirs et les bienfaits du jogging !

Les quatre étapes

Quel qu'en soit le type — général ou sportif — chaque période d'entraînement doit se dérouler selon un protocole très précis. Et ce n'est pas une fantaisie d'ex-danseuse ou une manie de professeur rigide : si vous respectez la séquence des exercices que je vous décris ici, vous vous assurez une pratique optimale et sécuritaire.

Avant toute activité qui exige des efforts répétés, il est essentiel de procéder à des *réchauffements,* afin de conditionner la musculature à l'effort et de prévenir les accidents. Réchauffer les muscles et les articulations se fait par petits gestes répétés : des contractions, des flexions, des rotations, des piétinements, mais toujours en douceur. La durée du réchauffement sera établie en fonction de l'effort musculaire à fournir dans l'entraînement ou l'activité sportive ; plus vous aurez à faire des efforts musculaires, plus longue sera la période de réchauffement. Les danseurs, par exemple — mais c'est un cas

Une période d'entraînement

- *réchauffements : 5 à 10 minutes ;*
- *exercices ciblés : 30 à 50 minutes ;*
- *étirements correspondants : 10 à 15 minutes ;*
- *retour au calme : 5 minutes.*

Attention

On ne doit pas s'étendre sur le dos quand le rythme cardiaque est encore élevé.

extrême, vu les gestes excessifs demandés par leur art —, font de 45 à 60 minutes de réchauffement à la barre avant un spectacle.

Vous passez ensuite aux *exercices* comme tels. Attention à la modération : il est important de se donner des défis... à la mesure de ses moyens. Et d'augmenter la difficulté par étapes. Songez que même une mécanique inerte, comme celle d'une voiture neuve, demande qu'on procède graduellement : c'est le « rodage ».

Il faut également veiller à la justesse des alignements des articulations entre elles. Tout geste répétitif peut sévèrement affecter les articulations et blesser les muscles si on ne respecte pas ce principe. Or, je vois tous les jours des joggeurs dont les chevilles subissent, à chaque impact, un léger affaissement vers l'intérieur ; un an plus tard, se manifestent des tensions et des douleurs dans les genoux et les hanches, quand ce n'est pas le bas du dos qui accuse le coup. Quant au travail aux appareils avec des alignements non stabilisés, il peut causer de sérieuses blessures.

À la fin des séances d'exercices, on doit toujours se réserver une période pour les *étirements*. Leur rôle est de favoriser la récupération en produisant un drainage circulatoire (élimination des toxines) et en rééquilibrant le tonus musculaire. C'est, de plus, une activité très agréable. (Voir la section sur la souplesse, chapitre 4.)

Pendant les étirements, le rythme cardiaque ralentit graduellement ; c'est seulement quand il est revenu à la normale que l'on peut passer à la période de *retour au calme*. Idéalement, vous vous étendez sur le dos, dans une position de rééquilibration (voir page 98) pendant 3 à 5 minutes ; puis vous allongez les membres pour vous assurer une détente complète.

Fréquence, durée et intensité

Même si ça ne prend que quelques journées d'inactivité pour que les muscles se relâchent et commencent leur processus d'atrophie (eh oui!), si on a déjà connu une certaine forme physique, on pourra retrouver cette condition avec un entraînement étalé sur trois mois, environ. Quant au sédentaire chronique, il y mettra plus de temps, peut-être de 6 à 12 mois.

À quel rythme? Progressivement: une fois par semaine, puis deux, puis trois.

Si vous pratiquez un entraînement général de mise en forme, une période complète peut durer jusqu'à 60 ou 75 minutes. Évidemment, une activité sportive peut — en fonction de son intensité et de votre endurance — se prolonger davantage. On nage rarement plus d'une heure à la fois, mais on peut très bien faire du ski de fond pendant quatre ou cinq heures.

Certaines personnes ont un métabolisme rapide; elles ont besoin d'action. D'autres, sans être lymphatiques, apprécient une certaine oisiveté. Or, pour bouger, il n'est pas nécessaire de faire des appareils ou du tennis cinq jours par semaine. On peut aller danser, jouer avec les enfants, astiquer la maison. Il existe des centaines, des milliers de façon de sortir de la passivité...

Par ailleurs, il importe de varier non seulement le type d'effort imposé à chaque muscle, mais également son entraînement et ses exercices afin de solliciter tous les groupes musculaires et toutes les fibres de chaque groupe. Il ne faut pas négliger, non plus, le renforcement du système cardio-vasculaire — un critère important de santé. Le cœur étant un muscle, il faut également

Rappelez-vous : l'exercice ne fait pas maigrir. Ce qu'il fait, c'est, en tandem avec une saine alimentation, contribuer à l'équilibre du métabolisme et à l'amaigrissement. Il rétablit également le ratio muscles/tissus adipeux (le poids peut demeurer le même). Mais pour arriver à un substantiel déficit de calories (en dépenser beaucoup plus qu'on en consomme quotidiennement), il faut beaucoup, beaucoup *bouger ! Par exemple : pour perdre 700 calories (l'équivalent d'un repas de fast-food), il faudrait courir pendant 24 heures sans arrêt...*

l'entraîner de façon progressive. Mais, comme je l'ai déjà souligné, il est préférable de pratiquer une activité d'intensité moyenne sur une période d'une à deux heures, plutôt qu'une activité de forte intensité sur une brève période. À mon avis, c'est également meilleur pour l'ensemble de l'organisme, sans compter que la dépense de calories est alors plus grande !

Le surentraînement

Plusieurs motivations peuvent pousser quelqu'un à un excès d'entraînement : pour maigrir, pour améliorer sa silhouette, pour combler un vide... On sait aussi que l'organisme libère alors des endorphines dont l'effet peut être euphorisant ; peu à peu, certains en viennent à rechercher cet état et augmentent leurs périodes d'entraînement au point d'y consacrer plusieurs heures par jour, ce dont le corps n'a absolument pas besoin, au contraire. Mis à part les athlètes, qui ont comme objectif la performance, la majorité des gens retireront tout le bénéfice voulu en s'entraînant une heure à la fois, trois jours par semaine (sans oublier la prise de conscience des gestes justes tout le reste du temps).

De surcroît, le fait de consacrer de trop nombreuses heures à l'exercice physique risque d'entraîner un déséquilibre du métabolisme (si ce n'est des relations familiales et sociales...). Selon certains experts, cette dépense excessive d'énergie pourrait même affaiblir le système immunitaire et laisser le corps plus vulnérable aux infections. À l'Université de Waterloo, en Ontario, on a observé une baisse importante de lymphocytes T et des quantités d'autres cellules spécialisées après une longue période d'exercices, que les sujets soient bien entraînés ou très peu[1].

Toutefois, sans nier l'intérêt de ces analyses, il me semble que le principal indice de qualité de notre activité physique relève du simple bon sens : généralement, on « pète le feu » après une période raisonnable d'entraînement, mais on est « à terre » après un excès ! D'autre part, s'il y a douleurs (crampes, courbatures, sensations de brûlure) immédiatement après un exercice, ou le lendemain, c'est qu'il y a blessure des tissus. « Plus ça fait mal, plus c'est bon » n'est certes pas une maxime à appliquer. La douleur n'est pas le signe d'un bon entraînement, bien au contraire.

Les malaises les plus courants, mais relativement mineurs, sont dus aux *courbatures,* qui révèlent une fatigue musculaire et une mauvaise oxygénation des tissus.

Après un gros effort inhabituel, il y a *accumulation d'acide lactique* dans les muscles. Ce « produit dérivé » de l'activité musculaire doit normalement s'éliminer au fur et à mesure, ce qui ne se fait pas bien dans les muscles insuffisamment ou trop entraînés. Une rétention d'acide lactique provoque le gonflement des muscles, qui deviennent alors durs et douloureux pour les deux ou trois prochains jours. On suggère alors de reprendre une activité plus douce, comme des étirements, pour activer la circulation sanguine dans cette région et favoriser le processus d'élimination.

On évite les courbatures avec un entraînement équilibré, ce qui implique le réchauffement, les étirements et le retour au calme.

Quant aux *crampes* musculaires, elles peuvent être causées par plusieurs facteurs :

- un effort trop grand pour un muscle déjà faible : il se contracte violemment et n'arrive plus à se relâcher ;
- le mauvais alignement des membres et des structures ; des pressions indues sur certaines structures ;

- l'hyperventilation : une mauvaise pratique respiratoire amène un surplus d'oxygène que les muscles n'arrivent pas à absorber ;
- une carence en sels minéraux, notamment le potassium et le magnésium.

La pratique excessive d'activités physiques provoque souvent une extrême *fatigue,* qui se traduit, dans certains cas, par une augmentation de l'appétit ou un désir irrépressible de sucre — ce qui n'est certes pas de nature à faire perdre du poids. Si l'appétit demeure stable — ou s'il est sévèrement réprimé —, l'amaigrissement peut survenir, mais par suite d'un déséquilibre du métabolisme. Généralement, lorsque cela se produit, le corps continue à perdre du poids au-delà de l'objectif fixé.

La fatigue peut, chez d'autres, entraîner une perte d'appétit et un affaiblissement général. La motivation s'en trouve, bien sûr, affectée, ce qui peut conduire à l'abandon des activités.

Après plusieurs mois de surentraînement, des problèmes articulaires et musculaires chroniques apparaissent. Pensons aux *tendinites,* si fréquentes, qui se produisent lorsque l'effort demande un étirement auquel le muscle n'arrive pas à répondre ; c'est alors le tendon qui subit le coup et devient enflammé. L'*épicondylite,* ou *tennis elbow,* en est un exemple fort connu.

Quant aux *périostites,* elles sont causées par le décollement ou le fendillement du périoste (membrane extérieure de l'os), auquel sont attachés les tendons ; les périostites apparaissent surtout aux tibias, à la suite de courses ou de sauts répétés sur un sol dur.

Ces problèmes sont tous extrêmement douloureux, et obligent donc la personne qui en souffre à mettre fin à toute activité. Pendant la période d'arrêt total, le métabolisme ralentit considérablement, souvent en deçà de son niveau avant le début de l'entraînement (à cause de l'effet de balancier). Si c'est le cas, retrouver le niveau demandera un effort supplémentaire.

L'entraînement excessif, c'est comme les régimes draconiens : ça ne peut pas durer parce que c'est contre nature. D'où l'« effet yo-yo ». Les résultats escomptés ne se produisent que momentanément, ou pas du tout, et l'organisme se retrouve plus mal en point qu'il ne l'était au départ. Cela dit, un entraînement mesuré est nécessaire à la bonne forme physique, surtout quand les activités usuelles sont de type sédentaire. Il sert aussi de parenthèse dans le quotidien pour libérer le corps sur les plans émotif, musculaire et psychique. De plus, il permet de retrouver le plaisir de se mouvoir.

Principales causes des blessures sportives

- *mauvaise préparation à l'effort ;*
- *entraînement trop violent ;*
- *manque d'étirements ;*
- *temps de récupération insuffisant.*

COMMENT CHOISIR UNE ACTIVITÉ ?

La plupart des activités physiques ne sont pas « complètes », en ce sens qu'elles favorisent le développement de certains groupes musculaires et en laissent d'autres dans une relative inactivité. Le vélo, par exemple, développe les muscles des cuisses et des jambes, mais n'a aucune action sur ceux de la ceinture scapulaire et des bras ; ces derniers, par contre, sont extrêmement sollicités par la natation. La danse et le yoga sont excellents pour l'assouplissement des articulations mais font peu pour le renforcement des muscles.

Instinctivement, la plupart des gens choisissent leurs activités physiques en fonction de leurs points forts. Les personnes d'allure féline s'inscrivent plus facilement à des cours de danse qu'à une école de karaté ; par contre, les hommes au torse bien développé seront plus portés à faire de la musculation que du yoga. C'est le principe du désir qui se nourrit lui-même : les riches veulent devenir plus riches, les beaux, plus beaux, et les forts, plus forts...

L'idée des bénéfices complémentaires

Dans son ouvrage sur la psychologie de l'exercice[2], le professeur (et grand sportif lui-même) James Gavin suggère de rechercher plutôt les bénéfices complémentaires. Le principe est de ne pas travailler à amplifier ce qui est déjà *bien* (ce travail n'est indispensable que pour les athlètes de compétition). Évidemment, toutes les activités physiques sont bénéfiques mais, *pour vous,* certaines peuvent l'être plus que d'autres.

Le professeur Gavin propose, dans un premier temps, d'analyser les faiblesses de notre structure musculaire et articulaire. Pour ce faire, vous pourrez utiliser la description des composantes du corps présentée dans le chapitre 2 (sauf le crâne) : le dos, la ceinture scapulaire, les membres supérieurs, la cage thoracique, l'abdomen, la ceinture pelvienne et les membres inférieurs.

L'échelle d'appréciation de Gavin, tant de la force que de la souplesse, comprend cinq niveaux :

Force: surdéveloppée, extrêmement développée, adéquatement développée, sous-développée, faible.

Souplesse: hyper-souple, très souple, souple, peu souple, rigide.

Sauf les athlètes de compétition ou les acrobates, personne n'a besoin de biceps « surdéveloppés » ni d'articulations « hyper-souples ». Mais nous devrions tous nous pourvoir d'une musculature « adéquatement développée » et d'un corps « souple », afin d'être capables de vaquer à nos occupations avec aisance et, même, de nous tirer d'affaire en cas de danger. Pour ce qui est de la musculature, il faut s'assurer qu'elle soit bien équilibrée dans toutes les parties du corps.

Pour suivre les recommandations du professeur Gavin, il faut donc coter les différentes parties de notre corps d'après le barème qu'il nous fournit ; à cette étape, un entraîneur peut être utile, mais la plupart d'entre nous connaissons assez bien nos faiblesses... Il ne reste plus qu'à fixer son choix sur une ou quelques activités en fonction des améliorations souhaitées et de s'y mettre.

Si vos épaules sont étroites et fragiles, par exemple, optez pour la natation au lieu de (ou simultanément à) la randonnée pédestre. Si vos gestes sont habituellement limités ou restreints, choisissez une pratique qui réclame une grande ouverture, comme la danse.

Les qualités socio-affectives des activités

De surcroît, si vous avez le goût de faire d'une pierre deux coups, vous pourriez poursuivre dans le sens du Dr Gavin et considérer les diverses activités en fonction des habiletés socio-affectives auxquelles elles font appel ; selon la liste qu'il en dresse, chacune d'elles se situe sur une ligne entre deux qualités opposées :

Sociale	Non sociale
Spontanée	Contrôlée
Disciplinée	Non disciplinée
Agressive	Non agressive
Compétitive	Non compétitive
Concentrée	Non concentrée
Risquée	Sécuritaire

Selon ces critères socio-affectifs, voici le portrait de quelques activités :

Natation : très peu sociale, très contrôlée, assez disciplinée, très peu agressive, peu compétitive, très peu concentrée, assez sécuritaire.

Jogging : très peu sociale, très contrôlée, très disciplinée, moyennement agressive, non compétitive, très peu concentrée, très sécuritaire.

Arts martiaux : assez sociale, très spontanée, moyennement disciplinée, très agressive, assez compétitive, très concentrée, très risquée.

Évidemment, se diriger vers une activité dont les paramètres conviennent bien à sa personnalité permet de se retrouver dans un contexte familier, agréable et sans stress. Mais, cette fois encore, le Dr Gavin suggère un choix moins « naturel », afin de développer des habiletés qui nous font défaut, parfois au point de rendre difficiles certains aspects de notre vie. Un travailleur autonome pour qui la recherche de contrats présente un défi de taille aurait avantage, par exemple, à pratiquer une activité relativement sociale, agressive et compétitive. Une personne qui veut se départir de sa timidité préférera le tennis à la marche à pied. Un grand distrait pourrait s'exercer à la concentration à l'aide de l'escrime ou des arts martiaux. Et ainsi de suite.

Plutôt passionnante, la théorie du professeur Gavin ! Et n'ouvre-t-elle pas des perspectives nouvelles pour tous ceux qui se demandent quelle activité physique entreprendre ? Au lieu d'opter pour le travail aux appareils simplement parce que le centre de conditionnement se trouve au coin de la rue, ou d'ignorer le yoga parce que ce n'est pas « votre genre », pensez *globalement,* et agissez de manière à :

- développer les qualités corporelles dont vous sentez avoir particulièrement *besoin*;
- explorer des comportements *nouveaux*;
- établir d'autres types de *rapports humains*;
- vous retrouver dans un contexte *stimulant*;
- et, surtout, vous procurer beaucoup de *plaisir*!

Mes derniers conseils

Si vous voulez être certain de choisir un programme d'entraînement qui vous convient, il est quelques démarches à ne pas négliger, ne serait-ce que pour être en mesure de partir du bon pied...

Étape 1

Faites-vous évaluer par un spécialiste de la posture. Rien ne sert d'entreprendre un entraînement avec un déséquilibre musculo-squelettique ; vous encourez le risque de vous blesser.

Étape 2

En fonction de cette évaluation, choisissez un entraînement de mise en forme générale qui comprend les six dimensions suivantes : entraînement postural, assouplissement, préparation des muscles à l'effort, respect des alignements, augmentation de la capacité cardio-vasculaire, rééquilibration des tensions musculaires.

Étape 3

Lorsque votre corps aura atteint un bon état d'équilibre, optez pour un entraînement spécialisé ou une activité sportive qui vous permette d'exprimer votre personnalité. Parallèlement à cette activité, continuez d'effectuer les exercices de rééquilibration pendant un certain temps ; sinon, vos déséquilibres acquis pourraient resurgir.

Étape 4

Entreprenez une deuxième activité (une « mineure ») qui présente des caractéristiques complémentaires à la première de façon à créer un équilibre.

Étape 5

Profitez au maximum de cet état corporel heureux !

RÉFÉRENCES

1. *Berkeley Wellness Letter,* Université de la Californie à Berkeley.
2. James Gavin, *Body Moves – The Psychology of Exercice,* Stackpole Books, 1988.

Conclusion

Après avoir, au fil de ces pages, mis tout mon cœur à vous engager à prendre soin de vous, que dire de plus ?

Surtout, ne laissez pas le rythme du monde actuel faire de vous des automates ou des victimes du stress qui usent leur corps et leur âme de l'intérieur. Prenez le temps de respirer, de ressentir, de jouer, de rire. La religion la plus pernicieuse de notre époque est celle qui prêche le culte de l'Économie — seul Maître de notre horaire, de notre jugement, de nos sentiments et de nos rêves.

Ce livre est une exhortation à trouver en nous les outils et les ressources nécessaires à notre bien-être, en fonction de nos propres valeurs. Notre corps possède tous les éléments de la meilleure forme qui soit... dans la mesure où on y fait appel ; ses besoins sont toujours les mêmes, depuis la nuit des temps, et l'humanité n'a pas attendu les diktats de l'obsession santé pour en prendre conscience. C'est en priorité dans les connaissances qui nous permettront d'habiter notre corps avec bonheur qu'il importe d'investir.

Avant de mettre un point final à ce cheminement que nous avons fait ensemble, je veux vous confier que, moi aussi, je rêve d'un monde meilleur. Or, je crois que chacun d'entre nous peut y contribuer. Et je crois sincèrement qu'un réel état de bien-être — conscient et ressenti — constitue une force positive en ce sens. Imaginez un wagon de métro, une assemblée syndicale-patronale ou un bureau d'avocats peuplés de « corps heureux »...

À vous de jouer, maintenant !

Annexe

La Gymnastique sur table TCP au Canada

C'est sur les principes expliqués dans ce livre que se fonde la Gymnastique sur Table TCP, une méthode d'entraînement aux quatre qualités d'un « corps heureux » : équilibre postural, force (et endurance), souplesse et précision. Cette méthode utilise certains exercices au sol et d'autres sur la table Penchenat, dont les caractéristiques permettent de placer le corps en dehors de son centre de gravité, ce qui favorise la tonification de la musculature profonde. Enseignée par des instructeurs formés par Thérèse Cadrin Petit, la Gymnastique sur Table TCP est offerte dans 11 régions du Québec ainsi qu'à Calgary (Alberta).

Gymnastique sur Table TCP
5130, boul. Saint-Laurent, bureau 200
Montréal (Québec)
Canada H2T 1R8

Téléphone : (514) 274-3110
Télécopieur : (514) 274-5877
Courriel : gymnastiquesurtable@qc.aira.com
Sites Internet : www.gymnastiqucsurtable.com
www.fitnesstable.com

Table des matières

Édition exclusivement
réservée aux Adhérents du Club

Le Grand Livre du Mois
15, rue des Sablons
75116 Paris

achevé d'imprimer sur les presses de Centre Impression
en janvier 2003